06 DE OUTUBRO DE 2023

PROVAS DIGITAIS NO DIREITO ELEITORAL BRASILEIRO

DESAFIOS E PERSPECTIVAS

PAULO R.LUDGERO

Sumário

PREFÁCIO

É com grande satisfação que apresento o livro **"Provas Digitais no Direito Eleitoral Brasileiro: Desafios e Perspectivas"**. No atual panorama em que a tecnologia permeia todos os aspectos de nossas vidas, compreender o impacto das provas digitais no contexto eleitoral é de extrema relevância.

O cenário eleitoral brasileiro tem evoluído substancialmente com o advento das tecnologias digitais. A maneira como as campanhas são conduzidas, o acesso à informação pelos eleitores e os próprios processos de votação têm sido moldados pela digitalização. No entanto, essa transformação também traz consigo desafios inerentes, especialmente no que diz respeito à autenticidade, integridade e admissibilidade das provas digitais.

Este livro não apenas explora os desafios, mas também oferece um olhar profundo sobre as perspectivas que emergem desse novo contexto. Com a contribuição de renomados especialistas no campo do Direito Eleitoral e Digital, analisamos de forma abrangente e crítica as implicações legais, técnicas e éticas relacionadas às provas digitais.

Os capítulos deste livro abordam desde a coleta e autenticidade das provas digitais até as implicações dos *deepfakes* no cenário eleitoral, fornecendo insights valiosos para acadêmicos, profissionais do direito, pesquisadores e todos os interessados em compreender o impacto da tecnologia nas eleições.

Que este livro seja uma fonte de conhecimento e reflexão, contribuindo para uma compreensão mais profunda do intercâmbio entre a tecnologia digital e o processo democrático.

Desejo a todos uma leitura enriquecedora e inspiradora.

Atenciosamente,

Paulo R. Ludgero

Especialista em Provas Digitais e Direito Eleitoral

DEDICATÓRIA

A Deus, fonte de inspiração e guia em cada passo desta jornada. Sua presença e amor incondicional nos fortalecem a cada dia.

À minha amada esposa Talita, pelo seu apoio incondicional e compreensão durante as horas dedicadas a este livro. Seu amor é minha motivação constante.

Aos meus filhos Enzo Gael e Victoria Marianna, que me enchem de alegria e significado. Que este livro seja um exemplo de perseverança e dedicação para vocês.

Aos meus estimados professores, que compartilharam conhecimento e experiência, contribuindo para o meu crescimento pessoal e profissional.

Por fim, a todos os entusiastas e leitores do meu livro, que embarcam conosco nesta jornada de aprendizado e reflexão. Espero que esta obra possa trazer esclarecimento e auxiliar na busca por um mundo mais consciente e ético no tratamento de dados nas igrejas.

Com gratidão e carinho,

Paulo Ricardo Ludgero

APRESENTAÇÃO

Prezados colegas, autoridades, acadêmicos e entusiastas do Direito Eleitoral,

É com grande entusiasmo e honra que apresento o livro **"Provas Digitais no Direito Eleitoral Brasileiro: Desafios e Perspectivas"**. Esta obra representa um marco significativo na interseção entre o mundo jurídico e a era digital, explorando os desafios e as possibilidades que surgem com o avanço tecnológico no cenário eleitoral do Brasil.

Neste momento em que a sociedade vivencia profundas transformações na forma como se comunica, se organiza e exerce sua cidadania, o Direito Eleitoral enfrenta novos paradigmas que exigem reflexões críticas e soluções inovadoras. O uso crescente das tecnologias digitais trouxe consigo não apenas benefícios, mas também complexas questões relacionadas à autenticidade, integridade e admissibilidade das provas eleitorais em ambientes virtuais.

Este livro, no campo do Direito Eleitoral e Tecnologia, mergulha profundamente nas implicações práticas e teóricas das provas digitais no contexto eleitoral brasileiro. Ao longo dos capítulos, abordamos tópicos cruciais, como a validade jurídica das evidências digitais, a veracidade das informações veiculadas nas redes sociais durante as campanhas, a proteção dos dados dos eleitores e a garantia da lisura dos pleitos em um ambiente virtual.

A necessidade de compreender e interpretar de maneira adequada as provas digitais no Direito Eleitoral é premente, pois a integridade do processo democrático depende, em grande parte, da confiança que os eleitores depositam em seus representantes e nas instituições. Através de análises minuciosas e embasadas, o livro contribui significativamente para a construção de um ambiente eleitoral digital mais seguro, transparente e justo.

Convidamos a todos a mergulharem nas páginas deste livro, a explorarem suas análises, estudos de caso e propostas para o futuro. Afinal, a intersecção entre Direito e Tecnologia é uma jornada contínua, e este livro se apresenta como um guia valioso para aqueles que desejam compreender e enfrentar os desafios do presente e do porvir.

Esperamos que esta obra seja uma fonte de conhecimento inspirador e instrumental para a construção de um sistema eleitoral digital cada vez mais robusto e alinhado aos princípios democráticos que norteiam nossa nação.

Muito obrigado.

Paulo Ricardo Ludgero

Autor

Introdução

No cenário atual, onde a tecnologia desempenha um papel fundamental na vida cotidiana, seu impacto nas eleições e na legislação eleitoral é inegável. Este livro explora a interseção entre as provas digitais e o direito eleitoral no Brasil, analisando os desafios e as oportunidades que essa convergência traz. Com a crescente influência da internet e das mídias sociais nas campanhas políticas, a compreensão das provas digitais é crucial para garantir a transparência, a lisura e a legitimidade do processo eleitoral.

O advento da era digital tem revolucionado profundamente todos os aspectos da sociedade contemporânea, redefinindo a maneira como interagimos, comunicamos e conduzimos nossas atividades cotidianas. O campo do Direito não ficou imune a essa transformação, e uma das áreas que tem sido particularmente impactada é o Direito Eleitoral. No contexto brasileiro, onde o exercício da democracia é um pilar fundamental, a evolução das tecnologias digitais trouxe à tona uma série de desafios e oportunidades no que se refere à obtenção, análise e validação das provas digitais em processos eleitorais.

O livro **"Provas Digitais no Direito Eleitoral Brasileiro: Desafios e Perspectivas"** representa meu esforço, como especialista em tecnologia e pesquisas comprometidas em compreender e delinear as complexas interações entre a legislação eleitoral tradicional e o mundo digital em constante mutação. Nesta obra, exploramos as múltiplas camadas de implicações que as provas digitais apresentam, desde a sua admissibilidade nos tribunais até o impacto das notícias falsas e da desinformação nas campanhas eleitorais.

Procuramos lançar as bases conceituais, definindo o que são provas digitais e como elas se diferenciam das provas tradicionais. Abordamos os critérios de autenticidade e integridade que são cruciais para a validade das evidências digitais em um contexto eleitoral, além de discutir os desafios que surgem em relação à manipulação e adulteração dessas provas.

Mergulhamos nas dinâmicas das redes sociais e sua influência no cenário eleitoral. Com a disseminação acelerada de informações online, questões relativas à veracidade das notícias, ao papel das redes sociais como veículos de propaganda política e à identificação de perfis falsos ganham destaque. Analisamos como as provas digitais podem ser utilizadas para esclarecer disputas eleitorais que envolvem conteúdo veiculado nas plataformas digitais.

Ampliamos o foco para a proteção dos dados dos eleitores e a conformidade com as regulamentações de privacidade. Em um contexto onde a coleta e o processamento de dados pessoais são onipresentes, exploramos os limites éticos e jurídicos das estratégias de microdirecionamento eleitoral e os possíveis impactos na igualdade de oportunidades entre os candidatos.

A segurança cibernética é tema do qual investigamos as vulnerabilidades do sistema eleitoral digital brasileiro e as medidas necessárias para prevenir ameaças cibernéticas que possam comprometer a integridade das eleições. A confiança dos cidadãos no sistema eleitoral está intrinsecamente ligada à sua segurança e à garantia de que os resultados refletem a vontade do eleitorado.

Lançamos um olhar sobre as inovações em curso, como a utilização de tecnologias de *blockchain* para garantir a transparência e a imutabilidade das provas digitais. Exploramos como essa tecnologia emergente pode contribuir para a confiança no processo eleitoral, reduzindo a possibilidade de manipulações e fraudes.

Projetamos as perspectivas futuras das provas digitais no Direito Eleitoral brasileiro. Consideramos as tendências tecnológicas em desenvolvimento e as implicações legais que elas podem acarretar.

Também discutimos possíveis reformas legislativas e regulatórias necessárias para adaptar o sistema jurídico às demandas de um ambiente eleitoral cada vez mais digital.

Em suma, **"Provas Digitais no Direito Eleitoral Brasileiro: Desafios e Perspectivas"** oferece uma análise abrangente e aprofundada das complexas interações entre o Direito Eleitoral e as tecnologias digitais. Ao explorar os desafios e as oportunidades das provas digitais, esta obra contribui para a construção de um sistema eleitoral mais resiliente, transparente e alinhado aos valores democráticos que moldam nossa sociedade.

Capítulo 01

1. A Era Digital e as Eleições Brasileiras

A Era Digital trouxe consigo uma série de transformações que repercutem profundamente nas eleições brasileiras. O cenário eleitoral do país não é mais moldado apenas pelo debate presencial e pela propaganda em meios tradicionais, mas também por um universo virtual em constante expansão. A influência das redes sociais, a disseminação de informações e a interação direta entre candidatos e eleitores por meio das plataformas digitais abriram novas fronteiras no contexto das campanhas eleitorais.

Contudo, essa nova realidade não está isenta de desafios. O ambiente digital também deu origem a fenômenos como as notícias falsas, a polarização exacerbada e a manipulação de informações, que podem distorcer o debate público e impactar negativamente a integridade do processo eleitoral. Além disso, a velocidade com que as informações circulam online apresenta dificuldades na verificação e na resposta a conteúdos prejudiciais ou fraudulentos.

Nesse contexto, as provas digitais assumem um papel crucial na garantia da lisura e da transparência das eleições. Elas podem servir como mecanismo para corroborar ou refutar a veracidade de alegações e denúncias, bem como para esclarecer conflitos e disputas que surgem no ambiente virtual. A admissibilidade e a robustez dessas provas tornam-se, assim, temas de discussão relevante, pois é necessário estabelecer critérios que garantam a autenticidade e a integridade das evidências digitais apresentadas.

Os desafios enfrentados pelo Direito Eleitoral na Era Digital vão além da questão probatória. A proteção dos dados pessoais dos eleitores, a regulamentação do uso de algoritmos e a prevenção de ataques cibernéticos são elementos que demandam atenção especial. A busca por um equilíbrio entre a liberdade de expressão online e a garantia de que o debate eleitoral seja baseado em informações verídicas e confiáveis é uma tarefa complexa, que exige a colaboração entre juristas, especialistas em tecnologia e autoridades regulatórias.

Em suma, a Era Digital trouxe uma nova dimensão ao processo eleitoral brasileiro, redefinindo a maneira como os candidatos se comunicam com o público e como os eleitores interagem entre si. Ao mesmo tempo em que apresenta oportunidades de engajamento e participação cidadã, essa era também impõe desafios significativos que demandam uma abordagem multidisciplinar e proativa. A compreensão das dinâmicas digitais e a criação de estratégias para lidar com as provas digitais no contexto eleitoral são elementos-chave para preservar a legitimidade e a confiança no sistema democrático brasileiro.

1.1. A ascensão da era Digital e suas implicações nas Eleições

A ascensão da era digital trouxe consigo uma revolução sem precedentes nas eleições, reconfigurando a maneira como os processos políticos e eleitorais se desenrolam. As implicações dessa transformação são profundas e abrangentes, impactando desde a forma como os candidatos se comunicam com os eleitores até a maneira como as informações são disseminadas e absorvidas. A rápida difusão das redes sociais e plataformas online criou um terreno fértil para a interação direta entre políticos e cidadãos, possibilitando a construção de conexões mais imediatas e personalizadas.

No entanto, essa nova realidade digital também trouxe à tona desafios consideráveis. A proliferação de notícias falsas, o discurso de ódio e a manipulação de informações têm o potencial de minar a integridade do processo eleitoral, prejudicando o debate democrático e comprometendo a tomada de decisões informadas. A viralização de conteúdo não verificado pode resultar em danos irreparáveis à reputação de candidatos e na disseminação de informações errôneas entre os eleitores.

Nesse contexto, as provas digitais ganham relevância como instrumentos para aferir a veracidade de alegações, esclarecer disputas e reforçar a confiabilidade das informações. No entanto, a natureza digital dessas provas apresenta desafios únicos, como a autenticidade e a integridade dos registros eletrônicos. A análise criteriosa das evidências digitais exige uma compreensão profunda das tecnologias envolvidas, bem como a adoção de critérios sólidos para a validação dessas provas nos processos eleitorais.

Em resumo, a ascensão da era digital transformou profundamente o cenário eleitoral, oferecendo novas oportunidades para o engajamento democrático, mas também expondo a fragilidade diante das ameaças cibernéticas e da disseminação de informações falsas. O papel das provas digitais como ferramentas de garantia da transparência e da verdade no processo eleitoral tornou-se inegável. À medida que avançamos nesse contexto em constante evolução, é imperativo que o Direito Eleitoral esteja preparado para abordar as complexidades das provas digitais de forma eficaz, assegurando a integridade e a autenticidade do processo democrático.

1.2. A importância das mídias sociais e da comunicação online no Processo Eleitoral

A importância das mídias sociais e da comunicação online no processo eleitoral contemporâneo é indiscutível. As plataformas digitais se estabeleceram como um canal crucial para a disseminação de ideias, propostas e interações entre candidatos e eleitores. A capacidade de alcançar audiências amplas e diversificadas em tempo real confere às mídias sociais um papel central na construção da visibilidade e do engajamento dos candidatos durante as campanhas eleitorais.

No entanto, essa dinâmica também introduziu desafios complexos no ambiente político. A velocidade das mídias sociais pode favorecer a propagação rápida de informações incorretas, resultando na disseminação de notícias falsas que podem distorcer o debate público e influenciar a tomada de decisões dos eleitores.

A viralização de conteúdo não verificado demanda um olhar crítico e uma abordagem responsável para mitigar o risco de desinformação.

No contexto das provas digitais, as mídias sociais se tornaram uma fonte vital de evidências para esclarecer disputas eleitorais e verificar a autenticidade de alegações. A captura de postagens, mensagens e interações online pode fornecer um panorama mais completo das atividades dos candidatos e dos sentimentos dos eleitores. No entanto, a admissibilidade dessas provas requer a consideração de aspectos técnicos e jurídicos para garantir a validade e a integridade das informações coletadas.

Em suma, as mídias sociais e a comunicação online redefiniram a maneira como as campanhas eleitorais são conduzidas e como os eleitores se envolvem com o processo político. Reconhecer a importância desses canais e abordar os desafios inerentes, como a desinformação e a validação das provas digitais, é essencial para preservar a integridade e a transparência das eleições no contexto digital. O Direito Eleitoral deve evoluir em sintonia com essa transformação, buscando equilibrar a liberdade de expressão online com a garantia de que o debate político seja fundamentado em informações confiáveis e verídicas.

Capítulo 02

2. Provas Digitais: Conceitos e Tipos

2.1. O que são provas Digitais e como elas se aplicam ao Direito Eleitoral

No cenário contemporâneo, onde a tecnologia permeia todos os aspectos da sociedade, é inevitável que suas ramificações alcancem também o campo jurídico, especialmente no contexto das práticas democráticas. O uso de provas digitais, uma forma de evidência eletrônica, tem se tornado cada vez mais relevante no âmbito do Direito Eleitoral, à medida que as atividades eleitorais e a comunicação política migraram em grande parte para o ambiente online.

Provocando uma mudança paradigmática nos métodos tradicionais de coleta de evidências, as provas digitais englobam um vasto espectro de informações eletrônicas que podem ser utilizadas para comprovar ou refutar alegações em processos judiciais. Essas evidências podem incluir, mas não se limitam a, mensagens de texto, e-mails, postagens em redes sociais, vídeos, imagens, registros de acesso a sistemas, registros de transações financeiras, entre outros registros eletrônicos.

O advento das redes sociais e das plataformas digitais alterou profundamente a maneira como os políticos se comunicam com o público e como os eleitores interagem entre si. A comunicação eleitoral online transcendeu as barreiras geográficas, permitindo que as mensagens políticas alcancem audiências globais instantaneamente. No entanto, essa democratização da informação também trouxe desafios significativos, como a disseminação de desinformação, a propagação de notícias falsas e a manipulação de opiniões públicas.

No turbilhão de inovações tecnológicas que moldam nossa sociedade contemporânea, o campo do Direito Eleitoral não permanece imune a essas transformações. O uso de provas digitais emergiu como uma peça fundamental no xadrez eleitoral, trazendo consigo desafios e oportunidades ímpares para a justiça e a integridade dos processos democráticos.

Provocando uma mudança sísmica na maneira como abordamos evidências em litígios, as provas digitais englobam uma miríade de informações eletrônicas, desde registros de comunicações online até transações financeiras digitais. Trata-se de uma trama complexa de dados, que quando habilmente entrelaçada, pode lançar luz sobre disputas eleitorais e casos que vão além da esfera tecnológica.

2.2. O Espectro de Aplicação das Provas Digitais no Direito Eleitoral

O uso de provas digitais no Direito Eleitoral é multifacetado e abrange diversos cenários, tais como:

1.   **Verificação de Propaganda Ilegal:** Mensagens, imagens e vídeos disseminados nas plataformas digitais podem ser utilizados como provas para confirmar ou refutar alegações de propaganda eleitoral ilegal, difamação ou disseminação de desinformação.

2.   **Monitoramento de Gastos de Campanha:** Registros eletrônicos de despesas e doações podem ser rastreados para garantir que candidatos e partidos estejam cumprindo os limites de gastos estabelecidos pela legislação.

3.   **Integridade das Urnas Eletrônicas:** Registros digitais de acesso e manutenção das urnas eletrônicas podem ser analisados para assegurar a imparcialidade e a transparência dos resultados eleitorais.

4.   **Análise de Comportamento Eleitoral:** Os padrões de engajamento digital dos eleitores podem fornecer insights sobre tendências e preferências políticas, auxiliando na compreensão do eleitorado.

O espectro de aplicação das provas digitais no Direito Eleitoral é vasto e multifacetado, abrangendo desde a investigação de potenciais práticas ilegais até a análise de tendências comportamentais do eleitorado. Em um cenário onde a comunicação política se desdobra majoritariamente no espaço virtual, as provas digitais se tornaram uma janela inestimável para a compreensão dos processos eleitorais.

No contexto das campanhas eleitorais, as provas digitais podem ser empregadas para verificar a disseminação de informações falsas ou difamatórias. Mensagens e postagens nas redes sociais, por exemplo, podem ser capturadas como evidências de propaganda irregular ou de ataques difamatórios, fornecendo subsídios para ações judiciais que visam salvaguardar a integridade das eleições.

Além disso, a utilização das provas digitais se estende ao monitoramento dos gastos de campanha. Através de registros eletrônicos de doações e despesas, as autoridades eleitorais podem rastrear o fluxo de recursos financeiros, assegurando que os limites estabelecidos por lei sejam respeitados. Dessa forma, as provas digitais desempenham um papel vital na fiscalização e na transparência dos aspectos financeiros das eleições.

A integridade das urnas eletrônicas, peça fundamental do processo eleitoral, também pode ser garantida por meio das provas digitais. Registros de acesso, manutenção e auditoria das urnas eletrônicas podem ser utilizados como evidências para corroborar a imparcialidade e a lisura dos resultados, fortalecendo a confiança dos cidadãos no sistema eleitoral.

Em síntese, o espectro de aplicação das provas digitais no Direito Eleitoral transcende os limites do virtual para desempenhar um papel fundamental na manutenção da integridade e da legitimidade das eleições. Ao compreender e explorar essa abordagem multifuncional, os profissionais do Direito podem enriquecer suas estratégias de defesa, garantindo uma participação eleitoral justa e transparente.

2.3. O Equilíbrio entre Tecnologia e Integridade Jurídica

Apesar de sua relevância inegável, a utilização de provas digitais não é desprovida de desafios. A autenticidade e a integridade dessas evidências podem ser questionadas, exigindo protocolos robustos para a coleta e preservação de dados. Além disso, a rápida evolução tecnológica exige que os operadores do Direito estejam constantemente atualizados para enfrentar as complexidades que surgem no cruzamento entre o mundo digital e o legal.

Compreendemos que a crescente presença da tecnologia no cenário eleitoral traz consigo um desafio crítico: encontrar o equilíbrio entre a inovação tecnológica e a integridade jurídica. Enquanto as provas digitais emergem como uma ferramenta essencial para a defesa da verdade e justiça, a proteção dos valores fundamentais do sistema legal é de vital importância.

A intersecção entre a velocidade das mudanças tecnológicas e a precisão das normas jurídicas é onde esse equilíbrio se manifesta com maior impacto. A evolução constante das tecnologias digitais exige que os advogados estejam constantemente atualizados, não apenas sobre as complexidades legais, mas também sobre as nuances tecnológicas que moldam a coleta, autenticação e apresentação de provas digitais.

Além disso, o uso de provas digitais levanta questões éticas, como a autenticidade das evidências e a privacidade dos indivíduos envolvidos. Ao mesmo tempo que exploramos as vantagens das provas digitais, é imperativo que garantamos a integridade das informações coletadas e respeitemos os direitos individuais, assegurando que o avanço tecnológico não seja usado como um pretexto para violações de privacidade.

A abordagem cautelosa na coleta e apresentação de provas digitais é essencial para preservar a confiabilidade do sistema de justiça. É necessário adotar protocolos rigorosos que garantam a origem e a integridade das evidências eletrônicas, evitando manipulações que possam comprometer a validade dos processos judiciais. Em última análise, a tecnologia deve ser uma aliada da integridade jurídica, não uma ameaça.

Nesse contexto, é imperativo que os profissionais do Direito Eleitoral atuem como mediadores habilidosos entre a constante evolução tecnológica e os princípios fundamentais da justiça e equidade. O desafio reside em adotar e incorporar as provas digitais como um recurso legítimo, garantindo que seu uso seja guiado por princípios éticos e legais, de modo a reforçar, em vez de corroer, a integridade do sistema eleitoral e jurídico.

Ao encontrarmos esse equilíbrio delicado, podemos assegurar que a tecnologia seja uma aliada na busca pela verdade e pela justiça, promovendo eleições transparentes e processos judiciais sólidos, enquanto respeitamos os valores centrais que sustentam nosso sistema legal.

Em um mundo que está em constante evolução digital, as provas digitais são mais do que meras ferramentas. Elas são os tijolos que constroem a justiça eleitoral, moldando o terreno em que a democracia floresce. Quando usadas adequadamente, com diligência e conhecimento, as provas digitais oferecem a oportunidade de garantir eleições justas, transparentes e respeitadoras da vontade do eleitor. Saudamos o potencial das provas digitais para renovar e fortalecer o tecido da democracia, ao mesmo tempo em que insto a comunidade jurídica a abordar com responsabilidade os desafios que essa era tecnológica traz.

2.4. OS Tipos de Provas Digitais

Como um estudioso em Direito Eleitoral, tenho a responsabilidade de explorar profundamente os tipos de provas digitais que desempenham um papel crucial no cenário eleitoral contemporâneo. As provas digitais abrangem uma gama diversificada de elementos eletrônicos, cada um desempenhando um papel singular na defesa da integridade dos processos democráticos.

2.4.1. Documentos Eletrônicos

Os documentos eletrônicos têm uma presença significativa nas campanhas eleitorais. Desde plataformas de propostas de candidatos até manifestos partidários, esses documentos podem ser capturados como provas digitais, garantindo a veracidade das informações divulgadas. Isso inclui programas de governo, planos de ação e comunicados oficiais que moldam as escolhas do eleitorado

No cenário eleitoral moderno, onde a comunicação digital desempenha um papel central, os documentos eletrônicos emergiram como elementos cruciais para o processo democrático. Como especialista em Direito Eleitoral, reconheço a importância destes documentos na construção de casos sólidos e na garantia da transparência das eleições.

Os documentos eletrônicos abrangem uma variedade de elementos, desde plataformas online de candidatos até programas de governo e propostas partidárias. Esses documentos podem ser utilizados como provas digitais para confirmar a autenticidade de promessas e compromissos feitos durante a campanha, garantindo que os eleitores possam tomar decisões informadas.

A autenticação de documentos eletrônicos é uma tarefa complexa. São necessárias medidas rigorosas para verificar a integridade do documento, sua origem e a data de criação. Ao compreender os metadados e outros atributos técnicos, os advogados especializados em Direito Eleitoral podem validar a autenticidade desses documentos, assegurando que eles não sejam forjados para influenciar a opinião pública.

Os documentos eletrônicos também desempenham um papel crucial na verificação de cumprimento das regras eleitorais. Através da análise de programas de governo e plataformas partidárias, os advogados podem identificar promessas ou ações que possam infringir a legislação eleitoral, auxiliando em ações judiciais que buscam garantir a lisura das eleições.

Além disso, os documentos eletrônicos também podem ser relevantes para questões de responsabilidade e imparcialidade. Em casos de difamação, por exemplo, a captura e autenticação de documentos eletrônicos podem ser essenciais para construir um caso sólido contra a disseminação de informações falsas que possam prejudicar a reputação dos candidatos.

Em resumo, os documentos eletrônicos são peças-chave na arena eleitoral contemporânea. Como estudioso em Direito Eleitoral, reconhecemos o valor dessas provas digitais na defesa da verdade e na promoção da integridade dos processos democráticos, à medida que navegamos pela complexa interseção entre tecnologia e direito.

2.4.2. Registro de Acesso

Os registros de acesso a sistemas eleitorais, como urnas eletrônicas e plataformas de votação online, oferecem uma visão valiosa sobre quem interage com esses sistemas. Essas provas digitais são essenciais para verificar a integridade dos resultados eleitorais, protegendo contra acessos não autorizados e manipulações indevidas.

Como estudioso apaixonado pela interseção entre tecnologia e direito, examinar o papel dos registros de acesso no contexto do Direito Eleitoral é uma tarefa intrigante. Os registros de acesso a sistemas eleitorais, como urnas eletrônicas e plataformas de votação online, são um dos pilares sobre os quais repousa a confiança nas eleições modernas.

Esses registros de acesso, muitas vezes negligenciados, podem revelar informações cruciais sobre a integridade dos sistemas eleitorais. Identificar quem acessou essas plataformas, quando e de onde é fundamental para garantir que não ocorram acessos não autorizados ou manipulações indevidas, preservando a legitimidade dos resultados.

No entanto, a análise dos registros de acesso requer uma compreensão profunda tanto da tecnologia subjacente quanto dos princípios legais. Como estudioso, tenho acompanhado de perto a evolução das normas jurídicas que regem a coleta, preservação e autenticação desses registros, garantindo que o processo seja guiado pela lei e pela ética.

A autenticação dos registros de acesso é um desafio complexo. A integridade dos dados e a confiabilidade das informações são essenciais para que essas provas digitais sejam aceitas em um contexto legal. Compreender os mecanismos de segurança tecnológica e as técnicas de auditoria é fundamental para validar a autenticidade desses registros, assegurando que não tenham sido alterados indevidamente.

Além disso, os registros de acesso têm um impacto direto na confiança dos eleitores no sistema. A transparência em relação a quem acessa as urnas eletrônicas ou os sistemas de votação online é vital para a credibilidade do processo. Como estudioso, considero crucial educar o público sobre a importância desses registros e como eles contribuem para eleições justas e transparentes.

Em conclusão, o estudo aprofundado dos registros de acesso no âmbito do Direito Eleitoral revela a importância de garantir a segurança e a integridade dos sistemas eleitorais. Como estudioso, continuo explorando como essas provas digitais podem ser efetivamente utilizadas para preservar a confiança dos eleitores e garantir que a vontade do povo seja respeitada nos processos democráticos.

2.4.3. Mensagens Eletrônicas

Na minha jornada como estudioso do Direito Eleitoral, tenho dedicado considerável atenção ao impacto das mensagens eletrônicas no cenário político contemporâneo. A disseminação de informações através de plataformas digitais trouxe um novo conjunto de desafios e oportunidades para a integridade das eleições, e entender como as mensagens eletrônicas se encaixam nesse panorama é essencial.

As mensagens eletrônicas, que englobam *e-mails*, mensagens de texto e comunicações em redes sociais, tornaram-se um canal fundamental de interação entre candidatos e eleitores. No entanto, também se tornaram um terreno fértil para a propagação de desinformação e notícias falsas. Como estudioso, tenho acompanhado como as mensagens eletrônicas podem ser usadas como provas digitais para identificar a disseminação deliberada de informações enganosas que podem afetar o resultado das eleições.

A autenticidade das mensagens eletrônicas é uma questão central em seu uso como prova no Direito Eleitoral. Compreender os mecanismos de autenticação e os atributos técnicos que garantem a origem e a integridade das mensagens é crucial para construir um caso sólido. Como estudioso, reconheço que o contexto digital exige um novo nível de análise e entendimento para validar a autenticidade das provas digitais.

A análise das mensagens eletrônicas não se limita apenas à sua autenticidade, mas também à sua interpretação. Como estudioso, tenho explorado como o contexto, a linguagem utilizada e a intenção por trás das mensagens podem influenciar sua relevância no contexto jurídico. Compreender a dinâmica por trás das mensagens eletrônicas é crucial para avaliar seu impacto nas ações judiciais e nas investigações eleitorais.

Além disso, o uso de mensagens eletrônicas como provas digitais também está relacionado à questão da privacidade. Como estudioso do Direito Eleitoral, tenho acompanhado os debates sobre como equilibrar a necessidade de utilizar mensagens eletrônicas como provas com a proteção dos direitos individuais à privacidade.

Encontrar esse equilíbrio é essencial para garantir a integridade das investigações e processos judiciais.

O uso de mensagens eletrônicas também levanta questões éticas e de integridade, como estudioso, tenho examinado como as mensagens eletrônicas podem ser manipuladas ou fabricadas para atender a agendas políticas. A disseminação de deepfakes, por exemplo, coloca em cheque a confiabilidade das mensagens eletrônicas como provas, exigindo métodos avançados de autenticação para garantir sua legitimidade.

A rastreabilidade das mensagens eletrônicas é outra área crucial de estudo. Como estudioso, tenho investigado como é possível rastrear a origem das mensagens, identificar o remetente real e verificar se as mensagens foram alteradas durante a transmissão. Essa rastreabilidade é fundamental para construir casos sólidos e para estabelecer a responsabilidade por disseminação de informações falsas ou difamatórias.

As mensagens eletrônicas também oferecem um vislumbre do comportamento e da intenção dos envolvidos nas eleições. Ao analisar as interações nas redes sociais e as mensagens trocadas, é possível entender melhor as estratégias de campanha, as tendências políticas e as ações que possam infringir as regras eleitorais. Como estudioso, tenho explorado como essas informações podem ser usadas para construir narrativas sólidas em processos legais.

No entanto, como estudioso do Direito Eleitoral, reconheço que o uso de mensagens eletrônicas como provas digitais não é isento de desafios. A coleta, preservação e apresentação dessas provas requerem procedimentos rigorosos para garantir sua autenticidade e integridade. A evolução constante da tecnologia exige que os profissionais do Direito estejam atualizados para lidar com as complexidades que surgem no cruzamento entre o digital e o legal.

Em resumo, procuramos explorar profundamente o papel das mensagens eletrônicas como provas digitais. Compreender sua autenticidade, interpretação e o equilíbrio entre sua utilização como prova e a proteção da privacidade é fundamental para garantir eleições justas e transparentes em uma era digital. O estudo das mensagens eletrônicas no âmbito do Direito Eleitoral é um campo em constante evolução, repleto de desafios e oportunidades. Continuamos a explorar como essas provas digitais podem ser usadas de maneira eficaz para promover eleições justas e transparentes, ao mesmo tempo em que enfrentamos os dilemas éticos e legais que surgem nesse ambiente tecnológico em constante mudança.

2.4.4. Vídeos e Imagens

A crescente tendência de compartilhar vídeos e imagens online também influencia o cenário eleitoral. Vídeos de discursos, comícios e eventos de campanha podem ser utilizados como provas digitais para verificar a veracidade das declarações feitas pelos candidatos. Essas evidências visuais podem fornecer contexto e perspectivas importantes.

Como estudioso dedicado ao Direito Eleitoral, mergulhei na análise do impacto dos vídeos e imagens como provas digitais no cenário político contemporâneo. A proliferação de plataformas digitais permitiu que imagens e vídeos fossem compartilhados de maneira instantânea, e compreender como essas provas podem ser utilizadas e autenticadas é crucial para a preservação da integridade das eleições.

Os vídeos e imagens são fontes poderosas de evidências que podem esclarecer eventos, discursos e comportamentos de candidatos e eleitores durante as campanhas. Como estudioso, tenho examinado como essas provas digitais podem ser utilizadas para confirmar ou refutar alegações, como a participação em eventos de campanha, a realização de discursos ou o engajamento em atividades que possam infringir a legislação eleitoral.

A autenticidade de vídeos e imagens é um desafio essencial em seu uso como provas no Direito Eleitoral. Com a tecnologia de edição cada vez mais sofisticada, como estudioso, tenho investigado métodos para autenticar a origem e a integridade dessas provas. Analisar metadados, comparar diferentes versões do mesmo conteúdo e rastrear a cadeia de custódia são estratégias cruciais para garantir que essas evidências sejam confiáveis.

No entanto, a interpretação de vídeos e imagens também exige uma abordagem criteriosa. Como estudioso, tenho explorado como o contexto em que um vídeo foi gravado ou uma imagem foi capturada pode influenciar sua interpretação. A análise do ambiente, das expressões faciais e do tom de voz pode fornecer informações cruciais para entender o verdadeiro significado das provas digitais.

Além disso, a ética em relação à manipulação de vídeos e imagens também é uma preocupação. Como estudioso do Direito Eleitoral, tenho acompanhado como deepfakes e outras tecnologias podem ser usados para criar conteúdo falso. Isso coloca em destaque a importância de métodos avançados de autenticação e o papel dos profissionais do Direito na detecção de provas digitais fraudulentas.

No contexto do Direito Eleitoral, os vídeos e imagens podem ser usados para verificar a veracidade das declarações feitas por candidatos em eventos públicos ou discursos. Ao analisar as provas visuais, é possível confirmar se as promessas de campanha estão alinhadas com as ações dos candidatos, auxiliando na responsabilização e na construção de narrativas coerentes.

A captura e análise de vídeos e imagens de eventos de campanha também podem ser úteis para verificar a participação de candidatos em locais específicos. Essas provas digitais podem ser usadas para refutar ou corroborar a presença de um candidato em um evento ou comício, desempenhando um papel fundamental na investigação de irregularidades.

Além disso, como estudioso do Direito Eleitoral, tenho examinado como a autenticidade das provas visuais pode ser determinada por meio da análise forense. Examinar aspectos como a resolução da imagem, marcas d'água, sombras e outros elementos técnicos pode fornecer insights sobre a manipulação de conteúdo visual, garantindo a validade das evidências apresentadas.

No entanto, a interpretação das provas visuais também requer consideração cuidadosa. Como estudioso, tenho explorado como o contexto cultural, social e político pode influenciar a interpretação das imagens e vídeos. O tom de um discurso, as expressões faciais e o ambiente em que uma imagem foi capturada podem alterar significativamente a percepção das provas.

É importante notar que o uso de vídeos e imagens como provas digitais exige uma abordagem multidisciplinar. A colaboração entre especialistas em Direito Eleitoral, forenses digitais e profissionais de tecnologia é fundamental para garantir a integridade e a autenticidade das evidências apresentadas em processos judiciais.

Em resumo, como estudioso do Direito Eleitoral, reconhecemos a importância dos vídeos e imagens como provas digitais que podem esclarecer eventos e comportamentos nas campanhas. Entender a autenticidade, a interpretação e os desafios éticos em torno dessas provas é essencial para garantir eleições transparentes e justas em uma era digital. Como estudioso do Direito Eleitoral, continuamos a explorar o uso intrigante de vídeos e imagens como provas digitais. Essas evidências visuais podem oferecer *insights* valiosos sobre ações, discursos e comportamentos durante as campanhas, ao mesmo tempo em que apresentam desafios em termos de autenticação e interpretação.

2.4.5. Metadados

Metadados de arquivos eletrônicos, como datas de criação e modificação, podem ser usados como provas digitais para estabelecer a cronologia e a autenticidade de documentos eletrônicos.

Como estudioso do Direito Eleitoral brasileiro, mergulhar na compreensão dos metadados é essencial para entender o contexto eleitoral em uma era digital. Os metadados, informações que acompanham os arquivos eletrônicos, desempenham um papel fundamental na autenticação e validação de provas digitais usadas em processos judiciais eleitorais.

Os metadados incluem informações sobre a criação, modificação, formato e outras características dos arquivos eletrônicos. Como estudioso, tenho explorado como esses detalhes técnicos podem ser cruciais para verificar a autenticidade das provas digitais, garantindo que elas não tenham sido manipuladas ou adulteradas.

Os metadados podem ser particularmente relevantes em processos eleitorais ao analisar documentos eletrônicos, como propostas de candidatos, programas de governo e outras declarações oficiais. Como estudioso do Direito Eleitoral, tenho examinado como a data e a hora de criação de um documento podem influenciar a linha do tempo das campanhas e das ações dos candidatos.

A análise de metadados também é crucial na identificação de mudanças feitas em documentos eletrônicos. Como estudioso, tenho investigado como a análise dos metadados pode revelar edições e alterações realizadas em arquivos, o que é vital para verificar a integridade das evidências apresentadas.

No entanto, como estudioso do Direito Eleitoral brasileiro, reconheço os desafios que surgem ao lidar com metadados. A coleta e a preservação adequadas dessas informações são cruciais para garantir sua autenticidade. Técnicas forenses e práticas jurídicas aprimoradas são necessárias para lidar com as complexidades dos metadados como provas digitais.

Além disso, a interpretação dos metadados exige conhecimento técnico e jurídico. Como estudioso, tenho explorado como os profissionais do Direito Eleitoral precisam entender os diferentes tipos de metadados e como interpretar suas informações para construir argumentos sólidos em processos eleitorais.

Os metadados também desempenham um papel crucial na autenticação de mensagens eletrônicas, como *e-mails* e mensagens de texto. Como estudioso do Direito Eleitoral brasileiro, tenho explorado como os metadados podem fornecer informações sobre o remetente, o destinatário, a data e a hora do envio, além das informações de roteamento. Esses detalhes podem ser vitais para estabelecer a autenticidade e a cronologia das comunicações, ajudando a construir casos sólidos em processos eleitorais.

No âmbito do Direito Eleitoral brasileiro, os metadados também têm implicações relacionadas à privacidade e à proteção de dados. Como estudioso, tenho acompanhado como a coleta e o armazenamento de metadados podem estar sujeitos a regulamentações específicas de privacidade, como a Lei Geral de Proteção de Dados (LGPD). A análise de metadados deve ser realizada dentro dos limites legais para proteger os direitos individuais dos envolvidos.

A análise forense de metadados requer uma abordagem multidisciplinar. Como estudioso do Direito Eleitoral brasileiro, tenho explorado como profissionais do Direito, especialistas em tecnologia e forenses digitais precisam colaborar para garantir a autenticidade e a validade das provas digitais baseadas em metadados. Essa colaboração é essencial para construir casos sólidos e confiáveis.

É importante ressaltar que a evolução tecnológica também impacta os metadados. Como estudioso, tenho acompanhado como novos formatos de arquivos e tecnologias de armazenamento podem influenciar a coleta e a interpretação dos metadados. Manter-se atualizado sobre as mudanças tecnológicas é fundamental para entender como os metadados evoluem como provas digitais.

Reconhecemos a importância dos metadados como provas digitais cruciais. A análise e a autenticação dessas informações técnicas são essenciais para garantir a integridade das evidências apresentadas em processos judiciais, permitindo que o sistema eleitoral mantenha sua transparência e confiabilidade em um ambiente digital em constante evolução. E continuamos a explorar a relevância dos metadados como provas digitais. A compreensão de sua importância, autenticação, interpretação e conformidade com regulamentações de privacidade é fundamental para garantir que os metadados sejam utilizados de maneira eficaz e ética nos processos judiciais eleitorais no Brasil.

2.4.6. Histórico de Navegação

Como estudioso do Direito Eleitoral, tenho dedicado tempo para compreender o papel do histórico de navegação como prova digital no contexto das eleições. O histórico de navegação, que registra as atividades online de um indivíduo, apresenta oportunidades intrigantes e desafios complexos para o ambiente eleitoral moderno.

A análise do histórico de navegação pode fornecer insights valiosos sobre as preferências políticas, comportamentos e interesses dos eleitores. Como estudioso, tenho explorado como esses dados podem ser usados para mapear padrões de busca, visitas a sites de notícias políticas e interações em redes sociais. Essas informações podem ser relevantes para entender as tendências do eleitorado e ajustar estratégias de campanha.

No entanto, a coleta e o uso do histórico de navegação levantam preocupações éticas e de privacidade. Como estudioso do Direito Eleitoral, tenho examinado como a utilização desses dados deve estar em conformidade com as regulamentações de privacidade, como a Lei Geral de Proteção de Dados (LGPD). É fundamental equilibrar a obtenção de informações com a proteção dos direitos individuais dos eleitores.

A autenticidade do histórico de navegação é um desafio central. Como estudioso, tenho investigado como os profissionais do Direito Eleitoral podem autenticar esses dados para garantir sua validade como prova digital. A colaboração com especialistas em tecnologia e forenses digitais é essencial para entender os métodos de coleta e preservação desses dados.

Além disso, como estudioso do Direito Eleitoral, reconheço que interpretar o histórico de navegação exige uma compreensão aprofundada da cultura digital e das motivações dos eleitores. Os padrões de busca podem ser influenciados por diversos fatores, como notícias atuais e eventos políticos. Analisar esses dados requer uma abordagem multidisciplinar para compreender as nuances.

O histórico de navegação também pode ser usado para verificar a disseminação de desinformação e notícias falsas. Como estudioso, tenho explorado como analisar o compartilhamento de conteúdo enganoso nas redes sociais e identificar os possíveis impactos nas percepções dos eleitores. Essa análise pode ser fundamental para proteger a integridade das eleições.

O histórico de navegação também pode ser um recurso para identificar a disseminação de informações enganosas durante as campanhas eleitorais. Como estudioso do Direito Eleitoral, tenho examinado como analisar a propagação de notícias falsas e teorias da conspiração em sites e redes sociais. Identificar a origem e a difusão dessas informações pode ser crucial para proteger a integridade das eleições.

A análise do histórico de navegação pode ser aplicada não apenas aos eleitores, mas também aos próprios candidatos e suas equipes de campanha. Como estudioso, tenho explorado como a investigação do histórico de navegação dos candidatos pode revelar estratégias de campanha, interesses políticos e interações com grupos específicos. Esses insights podem fornecer uma visão mais abrangente das ações e intenções dos candidatos.

No entanto, a autenticidade do histórico de navegação também é uma questão crucial. Como estudioso do Direito Eleitoral, tenho investigado como os métodos de coleta desses dados podem influenciar sua validade como prova digital. Compreender os processos de rastreamento e armazenamento é fundamental para garantir que as informações apresentadas sejam confiáveis e não tenham sido manipuladas.

A análise forense do histórico de navegação envolve a compreensão de diversos elementos técnicos. Como estudioso, tenho examinado como os profissionais do Direito Eleitoral precisam entender os métodos de coleta, a interpretação dos dados registrados e a relação entre os sites visitados e as atividades políticas. Essa compreensão técnica é essencial para a correta utilização dessas provas.

O histórico de navegação também pode ser usado para investigar possíveis influências estrangeiras nas eleições. Como estudioso, tenho explorado como analisar padrões de acesso a sites e redes sociais de origem estrangeira pode ajudar a identificar tentativas de interferência política. Essa análise é crucial para garantir a soberania do processo eleitoral.

É importante reconhecer que a análise do histórico de navegação deve ser conduzida de maneira ética e transparente. Como estudioso do Direito Eleitoral, tenho acompanhado como a obtenção e o uso desses dados devem estar em conformidade com as regulamentações de privacidade e os princípios éticos que regem a proteção das informações pessoais dos cidadãos.

Em conclusão, esses dados podem oferecer informações valiosas sobre as tendências do eleitorado, mas requer uma abordagem ética, atenção às regulamentações de privacidade e colaboração entre especialistas para garantir a autenticidade e a interpretação correta dessas evidências. A análise desses dados oferece *insights* valiosos sobre os eleitores, candidatos e tendências políticas, mas exige uma abordagem multidisciplinar, atenção à privacidade e respeito à Lei Geral de Proteção de Dados (LGPD), e entendimento técnico para garantir sua autenticidade e interpretação correta nos processos eleitorais.

Capítulo 03

3. Desafios da Admissibilidade de Provas Digitais

A admissibilidade de provas digitais no direito eleitoral emerge como um campo complexo e vital, uma vez que as tecnologias digitais transformaram a maneira como as campanhas são conduzidas e como os eleitores interagem com o processo eleitoral.

Nesse contexto, a dinâmica eleitoral evoluiu para abranger não apenas os discursos presenciais, mas também os debates online, anúncios direcionados, interações nas redes sociais e a disseminação de informações em plataformas digitais.

As provas digitais desempenham um papel essencial na verificação das alegações feitas durante as campanhas, bem como na identificação de práticas ilícitas, como a disseminação de notícias falsas e a manipulação de opiniões públicas por meios digitais.

No entanto, a complexidade das provas digitais transcende o mero contexto tecnológico. As nuances legais envolvendo autenticidade, privacidade, integridade e validade dessas evidências requerem uma análise aprofundada e uma compreensão holística das leis de prova e do próprio cenário tecnológico. A interseção entre essas duas esferas dá origem a desafios únicos e complexos, exigindo uma abordagem cuidadosa para determinar a admissibilidade de provas digitais em um tribunal.

À medida que as eleições continuam a incorporar cada vez mais elementos digitais, a discussão sobre a admissibilidade de provas digitais no direito eleitoral permanece em constante evolução. Nesse cenário, é essencial promover o diálogo entre juristas, especialistas em tecnologia e *stakeholders*[1] eleitorais para estabelecer diretrizes claras que preservem a integridade do processo democrático. Afinal, a admissibilidade de provas digitais é um componente crucial para assegurar eleições justas e transparentes em uma era onde a tecnologia e o direito se entrelaçam de maneira inédita.

O primeiro desafio reside na autenticidade das provas digitais, já que é necessário garantir que a origem e a integridade dessas evidências não possam ser contestadas. No ambiente digital, a facilidade de manipulação de informações levanta preocupações substanciais sobre a veracidade do conteúdo apresentado como prova. As técnicas de edição, a criação de deepfakes e a disseminação de informações fraudulentas podem obscurecer a linha entre o real e o fabricado.

Para abordar esse desafio, é essencial adotar métodos confiáveis de autenticação digital. Assinaturas eletrônicas seguras, carimbos de tempo e certificados digitais são algumas das ferramentas que podem ser empregadas para rastrear e comprovar a autenticidade das provas. Além disso, a coleta de metadados, como data, hora e local de criação da evidência digital, também é crucial para estabelecer uma trilha de auditoria sólida.

---

[1] Grupos de pessoas ou organizações que têm interesse, influência ou estão envolvidos em uma determinada questão ou processo.

No entanto, a autenticidade não é apenas uma questão técnica. Ela também envolve a corroboração das circunstâncias em que a prova foi obtida. Isso exige documentar detalhes como como a prova foi coletada, quem a coletou e sob quais condições. A transparência nesse processo é fundamental para que as partes envolvidas possam confiar na veracidade das evidências apresentadas.

Além disso, a admissibilidade de provas digitais muitas vezes depende do testemunho de especialistas em tecnologia que podem atestar a validade e autenticidade das evidências. Esse papel de especialistas pode ser crucial para elucidar questões técnicas complexas para os jurados e juízes, ajudando a estabelecer a confiabilidade das provas apresentadas.

Em última análise, a autenticidade das provas digitais é essencial para a manutenção da confiança no sistema legal e eleitoral. Ao abordar esse desafio, é necessário um equilíbrio entre a utilização de tecnologias avançadas de autenticação e a aplicação rigorosa dos princípios legais tradicionais. A busca por soluções eficazes para estabelecer a autenticidade das provas digitais é uma parte integral da adaptação do direito à era digital.

A cadeia de custódia é um aspecto crucial a ser considerado. A transparência na coleta, preservação e armazenamento das provas digitais é fundamental para a sua admissibilidade. A cadeia de custódia refere-se ao registro detalhado de todos os passos pelos quais uma evidência digital passa, desde sua coleta inicial até sua apresentação em um tribunal. Essa documentação é essencial para demonstrar que a evidência não foi adulterada, comprometida ou manipulada de alguma forma ao longo do processo.

No contexto das provas digitais, a cadeia de custódia é especialmente desafiadora. Diferentemente das provas físicas, as evidências digitais podem ser facilmente replicadas, alteradas ou deletadas sem deixar rastros aparentes. Portanto, é necessário implementar protocolos rigorosos de coleta e armazenamento que garantam a integridade da evidência ao longo do tempo.

A documentação da cadeia de custódia deve incluir informações como a data, hora e local da coleta da evidência, quem a coletou, como foi preservada e quem teve acesso a ela. Além disso, é essencial adotar medidas de segurança para proteger as evidências de possíveis ameaças, como ataques cibernéticos ou alterações não autorizadas.

A transparência na cadeia de custódia não apenas reforça a credibilidade das provas digitais, mas também garante a justiça e a equidade no processo legal. A evidência digital é frequentemente apresentada em tribunal para sustentar alegações ou refutar acusações, influenciando as decisões judiciais. Portanto, uma cadeia de custódia bem documentada assegura que todas as partes envolvidas tenham confiança na integridade das provas apresentadas.

A complexidade do ambiente digital e a natureza volátil das evidências tornam a implementação da cadeia de custódia um desafio contínuo. A colaboração entre especialistas em tecnologia, juristas e profissionais forenses é essencial para desenvolver protocolos eficazes que garantam a admissibilidade das provas digitais e a justiça do sistema legal.

A cadeia de custódia nas provas do direito eleitoral desempenha um papel crucial na garantia da integridade e autenticidade das evidências digitais apresentadas. No contexto eleitoral, onde a confiança no processo é fundamental para a validade das eleições, a cadeia de custódia assume um papel ainda mais relevante.

A coleta adequada das provas digitais é o primeiro passo na construção de uma cadeia de custódia sólida. A identificação da origem das evidências, o registro das circunstâncias da coleta e a obtenção de informações relevantes são fundamentais para estabelecer um ponto de partida confiável. Essa fase inicial requer rigor técnico e metodológico para garantir que as evidências não sejam comprometidas desde o início.

A documentação detalhada de todos os passos subsequentes é essencial para manter a continuidade da cadeia de custódia. Cada pessoa ou entidade que tem contato com a evidência, seja para análise, armazenamento ou transporte, deve ser registrada. A documentação abrangente é uma salvaguarda contra a contaminação da evidência ou qualquer alegação de manipulação posterior.

A preservação das evidências digitais é um desafio singular na cadeia de custódia. A tecnologia evolui rapidamente e, com ela, a forma como as evidências são armazenadas. A garantia da integridade digital ao longo do tempo exige a adoção de medidas de segurança, como criptografia e armazenamento em ambientes controlados, que protejam as evidências contra acessos não autorizados ou deterioração.

A transparência é um princípio fundamental na cadeia de custódia das provas do direito eleitoral. A divulgação das informações relevantes sobre a coleta, preservação e manuseio das evidências promove a confiança de todas as partes envolvidas. Quando as evidências digitais passam pelo escrutínio de múltiplos atores, a confiança no processo é fortalecida e a integridade das eleições é preservada.

Em um ambiente eleitoral cada vez mais digital, o estabelecimento de protocolos rigorosos de cadeia de custódia é essencial. A colaboração entre profissionais jurídicos, especialistas em tecnologia e autoridades eleitorais é fundamental para desenvolver estratégias que garantam a admissibilidade, a integridade e a confiabilidade das provas digitais no direito eleitoral.

A rápida evolução tecnológica e a facilidade de manipulação digital apresentam um desafio significativo para a determinação da autenticidade de evidências digitais, especialmente no contexto do direito eleitoral. O avanço das tecnologias digitais trouxe consigo ferramentas cada vez mais sofisticadas para criar, modificar e forjar conteúdo digital, o que pode comprometer a confiabilidade das provas apresentadas durante processos eleitorais.

No direito eleitoral, onde a validade das eleições está intrinsecamente ligada à autenticidade das informações, a capacidade de discernir entre conteúdo genuíno e manipulado tornou-se um desafio crítico. Imagens, vídeos e informações veiculadas online podem ser facilmente adulterados, tornando difícil para os envolvidos e para os tribunais distinguir o que é real do que é falso.

Diante desse cenário, a demanda por expertise especializada torna-se essencial. A combinação de conhecimento jurídico e profundo entendimento das técnicas digitais é necessária para avaliar a autenticidade das provas digitais. Especialistas em tecnologia forense e análise digital desempenham um papel fundamental na detecção de manipulações, na identificação de sinais de adulteração e na apresentação de métodos confiáveis para avaliar a autenticidade de evidências.

No âmbito eleitoral, a colaboração entre profissionais jurídicos e especialistas em tecnologia é crucial. A formação de equipes multidisciplinares que reúnam conhecimento legal e habilidades técnicas pode assegurar a admissibilidade de provas digitais confiáveis. A compreensão das técnicas de manipulação digital, a análise de metadados e a avaliação da coerência contextual são aspectos fundamentais para determinar se as evidências digitais apresentadas são verdadeiras e legítimas.

A busca pela autenticidade de provas digitais no direito eleitoral é um desafio contínuo que exige uma abordagem multifacetada. A formação de parcerias colaborativas entre os setores jurídico e tecnológico é crucial para desenvolver diretrizes sólidas que garantam a validade das provas digitais em um ambiente em constante mudança. A expertise especializada é o alicerce que sustenta a integridade do processo eleitoral e a confiança nas decisões tomadas com base em provas digitais.

A rápida evolução tecnológica e a facilidade de manipulação digital apresentam um desafio significativo para a determinação da autenticidade de evidências digitais, especialmente no contexto do direito eleitoral. No ambiente digital em constante transformação, a linha entre o real e o fabricado tornou-se cada vez mais tênue. As técnicas de edição avançadas, aliadas à disseminação instantânea de informações, criam um ambiente propício para a propagação de notícias falsas e conteúdo manipulado, levando a sérias implicações no âmbito eleitoral.

No cenário eleitoral, a autenticidade das provas digitais é uma peça-chave para a integridade do processo. No entanto, a crescente sofisticação das técnicas de manipulação digital significa que as evidências podem ser alteradas de maneira a serem indistinguíveis do conteúdo original. Essa complexidade exige não apenas um entendimento profundo da tecnologia, mas também uma abordagem crítica que avalie os contextos em que as provas foram coletadas e como elas se encaixam nos eventos eleitorais.

A demanda por expertise especializada torna-se premente na análise das provas digitais no direito eleitoral. Profissionais jurídicos e especialistas em tecnologia devem trabalhar em conjunto para estabelecer critérios claros de autenticidade. A verificação das evidências digitais requer a avaliação de metadados, análise de assinaturas digitais, comparação de *hashes*[2] de arquivo e outras técnicas forenses para garantir que o conteúdo não tenha sido adulterado.

A confiança nas provas digitais é fundamental para a preservação da democracia e da legitimidade do processo eleitoral. Os tribunais eleitorais enfrentam o desafio de identificar evidências confiáveis que possam resistir ao escrutínio legal e tecnológico. A colaboração entre especialistas jurídicos e tecnológicos é uma estratégia essencial para estabelecer diretrizes robustas que possam enfrentar a constante evolução das tecnologias de manipulação digital e garantir a integridade das eleições.

---

[2] Usados para garantir a autenticidade das assinaturas digitais e para verificar se os dados não foram corrompidos ou manipulados durante a transmissão ou armazenamento

3.1. A interpretação da Lei de prova existentes para acomodar as complexidades das Provas Digitais

A interpretação das leis de prova existentes para acomodar as complexidades das provas digitais é um desafio constante, visto que o contexto eleitoral está em constante transformação. As legislações e normativas que regem o processo eleitoral muitas vezes foram criadas antes da ascensão das tecnologias digitais e, como resultado, podem não ser suficientemente abrangentes para lidar com as nuances específicas trazidas por evidências digitais.

No cenário eleitoral, onde as provas digitais podem desempenhar um papel determinante nas decisões judiciais, é essencial uma análise detalhada das leis de prova existentes para garantir que elas se apliquem de maneira adequada ao ambiente digital. A definição de termos legais, como autenticidade, integridade e admissibilidade, precisa ser revista à luz das características únicas das evidências digitais.

A natureza dinâmica do ambiente eleitoral, com a rápida evolução das tecnologias e das práticas eleitorais, exige uma abordagem flexível na interpretação das leis de prova. Os tribunais e legisladores devem estar dispostos a adaptar as leis de acordo com as mudanças nas práticas eleitorais e nas tecnologias utilizadas. Isso envolve não apenas a incorporação das provas digitais como evidências válidas, mas também a consideração das implicações éticas, de privacidade e de segurança que essas evidências podem trazer.

Além disso, a jurisprudência desempenha um papel importante na evolução da interpretação das leis de prova em relação às provas digitais no direito eleitoral. As decisões judiciais podem estabelecer precedentes que orientam os tribunais futuros na análise da admissibilidade, autenticidade e validade das evidências digitais. O compartilhamento de conhecimento e a colaboração entre os juristas e especialistas em tecnologia são cruciais para desenvolver uma compreensão mais aprofundada das nuances legais e tecnológicas envolvidas.

Portanto, a interpretação das leis de prova no contexto eleitoral é uma tarefa complexa e em constante evolução. A harmonização entre as leis existentes, as inovações tecnológicas e as necessidades do ambiente eleitoral exigem um equilíbrio delicado, que só pode ser alcançado por meio do diálogo contínuo entre as partes interessadas e uma abordagem adaptativa na aplicação das normativas jurídicas.

A natureza dinâmica do ambiente eleitoral, com a rápida evolução das tecnologias e das práticas eleitorais, exige uma abordagem flexível na interpretação das leis de prova. Os tribunais e legisladores devem estar dispostos a adaptar as leis de acordo com as mudanças nas práticas eleitorais e nas tecnologias utilizadas. Isso envolve não apenas a incorporação das provas digitais como evidências válidas, mas também a consideração das implicações éticas, de privacidade e de segurança que essas evidências podem trazer.

Portanto, a interpretação das leis de prova no contexto eleitoral é uma tarefa complexa e em constante evolução. Com a colaboração entre juristas, tecnólogos e especialistas em direito eleitoral, é possível desenvolver uma base legal sólida que se alinhe com as demandas do ambiente digital e proteja a integridade dos processos eleitorais.

3.3. A busca por um equilíbrio entre a Inovação e a Proteção Legal

A busca por um equilíbrio entre a inovação e a proteção legal é um desafio intrínseco ao direito eleitoral, dado que as evidências digitais frequentemente desafiam as estruturas tradicionais de prova. O avanço tecnológico transformou a forma como as campanhas políticas e os eleitores interagem, exigindo uma adaptação constante das normas jurídicas para abordar as complexidades trazidas por esse cenário em constante mudança.

No atual cenário eleitoral, a verificação da autenticidade de conteúdo digital, como imagens e vídeos, tornou-se um desafio de grande envergadura. Com a proliferação de deepfakes e técnicas de manipulação digital, a linha entre o real e o fabricado tornou-se tênue. O uso malicioso dessas tecnologias levanta questões preocupantes sobre a confiabilidade das provas digitais apresentadas em processos eleitorais, ameaçando a integridade do próprio processo democrático.

A integridade do processo eleitoral é um princípio central em qualquer democracia, e a preservação dessa integridade exige uma abordagem que considere tanto as oportunidades trazidas pela inovação quanto as ameaças decorrentes do uso indevido de tecnologias digitais. A aplicação das normas jurídicas às provas digitais deve ser sensível às complexidades desse novo cenário, incorporando abordagens que possam identificar e mitigar a manipulação e a desinformação.

A colaboração entre juristas, especialistas em tecnologia e órgãos regulatórios é essencial para enfrentar os desafios da era digital no direito eleitoral. A criação de diretrizes claras que definam critérios de autenticidade para provas digitais é fundamental para garantir a confiança nas evidências apresentadas.

A análise de metadados, a utilização de algoritmos de detecção de deepfakes e a adoção de práticas de verificação rigorosas são passos importantes nesse sentido.

As jurisdições eleitorais devem permanecer flexíveis e adaptáveis, atualizando suas abordagens à medida que novas tecnologias emergem. A educação e conscientização dos eleitores sobre a manipulação digital também desempenham um papel vital na defesa da integridade do processo eleitoral. Somente através da sincronia entre a proteção legal, a tecnologia e a conscientização do público será possível manter um equilíbrio sustentável entre a inovação e a segurança na arena eleitoral digital.

A busca por um equilíbrio entre a inovação e a proteção legal é um desafio intrínseco ao direito eleitoral, dado que as evidências digitais frequentemente desafiam as estruturas tradicionais de prova. O avanço tecnológico transformou a forma como as campanhas políticas e os eleitores interagem, exigindo uma adaptação constante das normas jurídicas para abordar as complexidades trazidas por esse cenário em constante mudança.

No atual cenário eleitoral, a verificação da autenticidade de conteúdo digital, como imagens e vídeos, tornou-se um desafio de grande envergadura. Com a proliferação de deepfakes e técnicas de manipulação digital, a linha entre o real e o fabricado tornou-se tênue. O uso malicioso dessas tecnologias levanta questões preocupantes sobre a confiabilidade das provas digitais apresentadas em processos eleitorais, ameaçando a integridade do próprio processo democrático.

A integridade do processo eleitoral é um princípio central em qualquer democracia, e a preservação dessa integridade exige uma abordagem que considere tanto as oportunidades trazidas pela inovação quanto as ameaças decorrentes do uso indevido de tecnologias digitais. A aplicação das normas jurídicas às provas digitais deve ser sensível às complexidades desse novo cenário, incorporando abordagens que possam identificar e mitigar a manipulação e a desinformação.

A colaboração entre juristas, especialistas em tecnologia e órgãos regulatórios é essencial para enfrentar os desafios da era digital no direito eleitoral. A criação de diretrizes claras que definam critérios de autenticidade para provas digitais é fundamental para garantir a confiança nas evidências apresentadas.

A análise de metadados, a utilização de algoritmos de detecção de deepfakes e a adoção de práticas de verificação rigorosas são passos importantes nesse sentido.

As jurisdições eleitorais devem permanecer flexíveis e adaptáveis, atualizando suas abordagens à medida que novas tecnologias emergem. A educação e conscientização dos eleitores sobre a manipulação digital também desempenham um papel vital na defesa da integridade do processo eleitoral. Somente através da sincronia entre a proteção legal, a tecnologia e a conscientização do público será possível manter um equilíbrio sustentável entre a inovação e a segurança na arena eleitoral digital.

3.5. A Verificação da autenticidade do conteúdo em um cenário de *Deepfakes* e Manipulação Digital

A verificação da autenticidade de conteúdo digital, como imagens e vídeos, em um cenário de deepfakes e manipulação digital, é um desafio em constante evolução para assegurar a integridade do processo eleitoral. A ascensão das tecnologias de manipulação digital trouxe à tona a possibilidade de criar conteúdo falso convincente, que pode ser disseminado amplamente e causar impactos significativos nas decisões dos eleitores.

Nesse contexto, a garantia de que as evidências digitais apresentadas sejam autênticas e confiáveis é crucial para manter a confiança no sistema eleitoral.

O fenômeno dos *deepfakes*, que envolve a criação de vídeos realistas, mas falsos, por meio de técnicas de inteligência artificial, apresenta desafios complexos para a determinação da autenticidade. A capacidade de criar vídeos falsos convincentes levanta preocupações sobre a possibilidade de candidatos, partidos ou grupos de interesse manipularem informações para influenciar os resultados eleitorais. A verificação desses conteúdos requer a implementação de abordagens técnicas sofisticadas, como análise de metadados, identificação de padrões e verificação de algoritmos.

O avanço constante das técnicas de manipulação digital exige que os especialistas em direito eleitoral desenvolvam uma compreensão profunda das características e limitações dessas tecnologias. A atualização das leis e regulamentos para abordar as nuances das provas digitais manipuladas é essencial para garantir que os tribunais possam avaliar adequadamente a autenticidade e a confiabilidade das evidências apresentadas. A colaboração entre especialistas em tecnologia e juristas é fundamental para essa abordagem.

No entanto, a verificação da autenticidade das evidências digitais não se limita apenas às técnicas de detecção de deepfakes. As imagens e vídeos podem ser editados de maneira mais sutil, tornando difícil para os olhos não treinados distinguir o conteúdo genuíno do manipulado. Portanto, a implementação de protocolos de verificação rigorosos, que incluam análises forenses, autenticação de fontes e rastreamento de origem, é necessária para atestar a integridade das provas digitais.

Em resposta a esses desafios, os tribunais eleitorais devem buscar aconselhamento de especialistas em tecnologia para avaliar a autenticidade das provas digitais apresentadas. A criação de padrões de autenticação digital e a adoção de técnicas de verificação robustas podem ajudar a manter a confiabilidade do processo eleitoral. A educação dos eleitores sobre a possibilidade de manipulação digital e a importância da fonte confiável de informações também é crucial para minimizar os impactos prejudiciais.

Em suma, a verificação da autenticidade de conteúdo digital em um ambiente de deepfakes e manipulação digital é um desafio multifacetado no direito eleitoral. A integridade do processo eleitoral depende da capacidade de determinar quais evidências digitais são genuínas e quais são fabricadas. Somente por meio de uma combinação de conhecimento jurídico especializado, colaboração interdisciplinar e aprimoramento constante das técnicas de verificação é possível enfrentar efetivamente esses desafios e proteger a integridade do processo democrático.

A verificação da autenticidade de conteúdo digital, como imagens e vídeos, em um cenário de deepfakes e manipulação digital, é um desafio em constante evolução para assegurar a integridade do processo eleitoral. A ascensão das tecnologias de manipulação digital trouxe à tona a possibilidade de criar conteúdo falso convincente, que pode ser disseminado amplamente e causar impactos significativos nas decisões dos eleitores. Nesse contexto, a garantia de que as evidências digitais apresentadas sejam autênticas e confiáveis é crucial para manter a confiança no sistema eleitoral.

O fenômeno dos deepfakes, que envolve a criação de vídeos realistas, mas falsos, por meio de técnicas de inteligência artificial, apresenta desafios complexos para a determinação da autenticidade. A capacidade de criar vídeos falsos convincentes levanta preocupações sobre a possibilidade de candidatos, partidos ou grupos de interesse manipularem informações para influenciar os resultados eleitorais. A verificação desses conteúdos requer a implementação de abordagens técnicas sofisticadas, como análise de metadados, identificação de padrões e verificação de algoritmos.

O avanço constante das técnicas de manipulação digital exige que os especialistas em direito eleitoral desenvolvam uma compreensão profunda das características e limitações dessas tecnologias. A atualização das leis e regulamentos para abordar as nuances das provas digitais manipuladas é essencial para garantir que os tribunais possam avaliar adequadamente a autenticidade e a confiabilidade das evidências apresentadas. A colaboração entre especialistas em tecnologia e juristas é fundamental para essa abordagem.

No entanto, a verificação da autenticidade das evidências digitais não se limita apenas às técnicas de detecção de deepfakes. As imagens e vídeos podem ser editados de maneira mais sutil, tornando difícil para os olhos não treinados distinguir o conteúdo genuíno do manipulado. Portanto, a implementação de protocolos de verificação rigorosos, que incluam análises forenses, autenticação de fontes e rastreamento de origem, é necessária para atestar a integridade das provas digitais.

Em resposta a esses desafios, os tribunais eleitorais devem buscar aconselhamento de especialistas em tecnologia para avaliar a autenticidade das provas digitais apresentadas. A criação de padrões de autenticação digital e a adoção de técnicas de verificação robustas podem ajudar a manter a confiabilidade do processo eleitoral. A educação dos eleitores sobre a possibilidade de manipulação digital e a importância da fonte confiável de informações também é crucial para minimizar os impactos prejudiciais.

Em suma, a verificação da autenticidade de conteúdo digital em um ambiente de deepfakes e manipulação digital é um desafio multifacetado no direito eleitoral. A integridade do processo eleitoral depende da capacidade de determinar quais evidências digitais são genuínas e quais são fabricadas. Somente por meio de uma combinação de conhecimento jurídico especializado, colaboração interdisciplinar e aprimoramento constante das técnicas de verificação é possível enfrentar efetivamente esses desafios e proteger a integridade do processo democrático.

3.6. A interoperabilidade entre diferentes sistemas e Plataformas Digitais

A interoperabilidade entre diferentes sistemas e plataformas digitais, como aplicativos de mensagens e redes sociais, é um desafio adicional para rastrear e autenticar provas digitais no âmbito do direito eleitoral.

No ambiente digital altamente conectado de hoje, as comunicações políticas e eleitorais não estão limitadas a uma única plataforma. Candidatos, partidos e eleitores utilizam uma variedade de aplicativos e redes para compartilhar informações, opiniões e conteúdo relacionado às eleições. No entanto, essa diversidade de plataformas apresenta uma série de obstáculos na coleta e admissibilidade de provas digitais em casos eleitorais.

A interoperabilidade entre sistemas e plataformas digitais é vital para a veracidade e integridade das provas digitais apresentadas em processos eleitorais. A coleta de evidências de diferentes fontes exige uma abordagem integrada, uma vez que as informações podem estar dispersas em várias plataformas. A dificuldade reside em garantir que as evidências coletadas sejam autênticas e não tenham sido manipuladas durante o processo de transferência entre sistemas.

A autenticação das provas digitais em diferentes plataformas também é um desafio. Cada plataforma pode ter seus próprios métodos de autenticação e segurança, o que torna necessário estabelecer critérios uniformes para validar a autenticidade das evidências digitais. Além disso, a verificação das cadeias de custódia das provas em diferentes sistemas é fundamental para determinar a integridade do processo de coleta e preservação.

A complexidade da interoperabilidade é exacerbada pela natureza efêmera das comunicações digitais. Mensagens e conteúdo podem ser excluídos, editados ou ocultados rapidamente, tornando difícil rastrear e autenticar provas digitais. A obtenção de evidências oportunamente antes que elas se percam ou sejam alteradas exige medidas rápidas e eficazes para preservar o conteúdo relevante.

A legislação eleitoral deve evoluir para lidar com esses desafios. A definição de padrões para a autenticação de provas digitais em diferentes plataformas, a regulação da retenção de conteúdo eleitoral relevante e a implementação de diretrizes para a coleta e preservação de evidências digitais são passos essenciais para lidar com a interoperabilidade. A colaboração entre especialistas em direito eleitoral e tecnologia é crucial para desenvolver abordagens que atendam às necessidades do ambiente digital complexo.

A evolução das estruturas legais e regulatórias é fundamental para garantir a integridade do processo eleitoral no mundo digital interconectado de hoje. Além disso, a cooperação entre os diversos atores envolvidos é essencial para desenvolver soluções que abordem os desafios da interoperabilidade. Candidatos, partidos políticos, empresas de tecnologia e órgãos eleitorais precisam colaborar para estabelecer diretrizes claras sobre a autenticidade, coleta e preservação de provas digitais.

A implementação de protocolos de padronização também pode facilitar a coleta e admissibilidade de provas digitais em processos eleitorais. Estabelecer métodos uniformes de autenticação, como a utilização de assinaturas digitais ou certificados eletrônicos, pode ajudar a verificar a autenticidade das evidências provenientes de diferentes plataformas. Esses protocolos também podem definir prazos para a retenção de conteúdo eleitoral relevante, garantindo que as provas estejam disponíveis quando necessário.

Além disso, a educação dos atores envolvidos é fundamental para lidar com os desafios da interoperabilidade. Candidatos, equipes de campanha, juízes eleitorais e peritos digitais devem estar cientes das complexidades das provas digitais em um ambiente interconectado. A formação sobre coleta adequada de provas, preservação de evidências e métodos de autenticação pode contribuir para uma abordagem mais eficaz na gestão de evidências digitais.

O uso de tecnologias avançadas, como *blockchain*, também pode oferecer soluções para a interoperabilidade e autenticidade das provas digitais. A capacidade de criar registros imutáveis e rastreáveis pode aumentar a confiança nas evidências digitais, permitindo a verificação da cadeia de custódia e origem. No entanto, a adoção de tecnologias emergentes requer análise crítica para garantir sua aplicabilidade e segurança no contexto eleitoral.

Em conclusão, a interoperabilidade entre sistemas e plataformas digitais no âmbito do direito eleitoral apresenta desafios que requerem abordagens inovadoras e colaborativas.

A adaptação da legislação, a implementação de protocolos padronizados, a educação dos envolvidos e o uso de tecnologias avançadas são passos cruciais para enfrentar esses desafios. O equilíbrio entre a agilidade no ambiente digital e a garantia da autenticidade das provas é fundamental para manter a confiabilidade do processo eleitoral e a integridade da democracia. A evolução das estruturas legais e regulatórias é fundamental para garantir a integridade do processo eleitoral no mundo digital interconectado de hoje.

3.7. A possibilidade de Provas Digitais serem Forjadas ou Manipuladas

No cenário complexo do direito eleitoral, a ascendente utilização de provas digitais demanda uma abordagem minuciosa para assegurar sua autenticidade e confiabilidade. A contínua evolução das tecnologias amplifica a preocupação com a possível forja ou manipulação de evidências, tornando imperativo estabelecer métodos de validação e verificação que se alinhem com a era digital.

Com a proliferação das plataformas digitais e aplicativos de comunicação, a obtenção de provas eleitorais se estende para um ecossistema vasto e multifacetado. Contudo, essa multiplicidade também traz consigo o risco de manipulação e adulteração das provas, ressaltando a urgência de implementar protocolos eficazes de validação. A transparência no processo de coleta, preservação e apresentação das provas é fundamental para garantir a sua admissibilidade em um ambiente eleitoral sensível.

A veracidade das provas digitais torna-se especialmente crítica quando se consideram as implicações das informações falsas nas decisões dos eleitores. A manipulação de conteúdo digital pode distorcer percepções e influenciar resultados, tornando essencial que as provas sejam submetidas a verificações detalhadas. A criação de um ambiente de confiança, no qual as partes envolvidas possam ter segurança na autenticidade das provas, é essencial para a legitimidade das eleições.

A complexidade das técnicas de manipulação digital exige que especialistas em direito eleitoral colaborem com peritos em tecnologia para desenvolverem estratégias robustas de validação. A verificação de metadados, análises forenses e a utilização de algoritmos de detecção são ferramentas que podem ser empregadas para avaliar a integridade das provas digitais. A incorporação dessas técnicas ao processo de admissibilidade é crucial para evitar o uso indevido de evidências manipuladas.

A busca por métodos robustos de validação também levanta questões sobre a capacitação dos profissionais envolvidos na coleta e apresentação de provas digitais. A compreensão das especificidades das tecnologias digitais é essencial para identificar indícios de manipulação e assegurar a autenticidade das evidências. A formação contínua dos operadores do sistema jurídico é fundamental para garantir que os métodos de validação sejam aplicados de maneira eficaz e precisa.

No entanto, a complexidade das provas digitais não deve ser vista como um obstáculo intransponível. A integração de especialistas em tecnologia ao processo judicial pode trazer conhecimentos e técnicas que fortaleçam a validação das provas. A colaboração interdisciplinar entre advogados, juízes e peritos digitais é um passo crucial para desenvolver abordagens holísticas que considerem os aspectos legais e tecnológicos das provas digitais.

A agilidade no mundo digital também exige celeridade nos métodos de validação e verificação. A utilização de ferramentas automatizadas de análise pode acelerar o processo de autenticação das provas, permitindo a tomada de decisões rápidas em um ambiente eleitoral dinâmico. No entanto, a automação deve ser cuidadosamente calibrada para evitar erros e garantir a precisão das verificações.

Em última análise, a busca por métodos robustos de validação e verificação das provas digitais no direito eleitoral é um reflexo do compromisso com a integridade do processo democrático. A evolução tecnológica não pode comprometer a confiança nas evidências apresentadas em um ambiente eleitoral sensível. Através da colaboração, capacitação e implementação de abordagens inovadoras, é possível construir um sistema jurídico que responda aos desafios da era digital com confiança e responsabilidade.

A dinâmica das campanhas eleitorais no ambiente digital amplifica a necessidade de métodos robustos de validação e verificação das provas digitais. As redes sociais, por exemplo, tornaram-se palcos importantes para a disseminação de informações políticas e eleitorais. No entanto, a rápida propagação de conteúdo digital também cria oportunidades para a disseminação de informações falsas e manipuladas.

A verificação das provas apresentadas em um contexto tão fluido exige ferramentas e abordagens que possam detectar sinais de adulteração e assegurar a autenticidade do conteúdo.

A evolução constante das técnicas de manipulação digital reforça a necessidade de estar à frente dos desafios de validação das provas eleitorais. *Deepfakes,* por exemplo, são uma ameaça que exige atenção especial. Essa tecnologia avançada pode criar vídeos extremamente realistas que podem ser usados para enganar os espectadores. A capacidade de diferenciar entre um conteúdo genuíno e uma manipulação digital requer a implementação de algoritmos e ferramentas de análise que podem identificar padrões sutis de edição. O constante desenvolvimento dessas técnicas de detecção é essencial para garantir que as provas digitais apresentadas sejam confiáveis e verdadeiras.

3.8. A Dependência de Servidores e Plataformas de Terceiros para Armazenamento de Provas Digitais

No cenário eleitoral contemporâneo, as evidências digitais ganham destaque como ferramentas cruciais na garantia da transparência e legitimidade dos processos. Contudo, a crescente dependência de servidores e plataformas de terceiros para o armazenamento dessas provas não apenas transforma a maneira como conduzimos as campanhas, mas também suscita profundas questões legais.

A crescente adesão a servidores e plataformas de terceiros oferece vantagens em termos de espaço de armazenamento e acessibilidade. Entretanto, essa mudança de paradigma traz consigo um espectro de desafios, principalmente no que tange à autenticidade e à propriedade das provas digitais.

À medida que mais campanhas e partidos políticos confiam a terceiros o armazenamento de dados, surge a pergunta: quem é o proprietário das evidências digitais? A propriedade e o controle sobre essas provas podem ser ambíguos, uma vez que são mantidos em plataformas externas.

A autenticidade das provas é uma pedra angular no direito eleitoral. Entretanto, com a descentralização do armazenamento e a multiplicidade de pontos de acesso, a verificação da autenticidade se torna um enigma complexo.

A busca por soluções envolve um exame minucioso da legislação existente, a fim de adaptá-la ao contexto das provas digitais armazenadas em servidores de terceiros. A definição de diretrizes claras de autenticação e validação é fundamental para assegurar a integridade das provas no âmbito eleitoral.

Este desafio, embora complexo, é crucial para a eficácia e confiabilidade dos processos eleitorais. No cerne da questão está a garantia de que as provas digitais sejam não apenas acessíveis, mas também autênticas e protegidas contra manipulação. Nesse contexto, o estudo aprofundado do direito eleitoral em sua intersecção com as tecnologias digitais se mostra vital para a defesa da democracia moderna.

A preocupação com a autenticidade das provas digitais transcende as fronteiras do ambiente virtual. A dependência de servidores e plataformas de terceiros eleva a importância da adoção de práticas que garantam a integridade dos registros, assegurando que as provas não sejam manipuladas ou adulteradas.

A ausência de diretrizes claras sobre a propriedade e autenticidade das provas digitais armazenadas em terceiros exige uma abordagem proativa por parte do sistema jurídico. A criação de regulamentações específicas para o armazenamento e autenticação dessas provas é uma demanda latente e essencial.

A tecnologia também se revela como aliada na busca por soluções. A implementação de sistemas de registro e certificação em blockchain, por exemplo, pode conferir um grau de imutabilidade e rastreabilidade às provas digitais, contribuindo para a sua autenticidade e propriedade.

Vale ressaltar que a questão da autenticidade e propriedade de provas digitais armazenadas em servidores de terceiros não é um desafio exclusivo de um país. Em um mundo cada vez mais conectado, é necessário ponderar sobre como a jurisdição internacional se aplica a esses casos.

No epicentro dessas considerações está a garantia da legitimidade das eleições e da confiança pública nos processos democráticos. A busca por um equilíbrio entre a conveniência tecnológica e a segurança jurídica é fundamental para enfrentar os desafios trazidos pela dependência de terceiros no armazenamento de provas digitais no contexto eleitoral.

3.9. O Papel das Redes Sociais na Disseminação de informações Eleitorais

Na era da informação digital, as redes sociais emergem como uma força poderosa na disseminação de informações eleitorais. Esse novo paradigma de comunicação traz à tona uma série de implicações no âmbito do direito eleitoral, onde o papel dessas plataformas é central.

As redes sociais revolucionaram a maneira como as informações são compartilhadas. A capacidade de disseminação instantânea transcende barreiras geográficas e demográficas, permitindo que as mensagens eleitorais alcancem audiências amplas e diversificadas.

A rapidez e amplitude com que as informações circulam pelas redes sociais levantam questões sobre a autenticidade e veracidade das mesmas. A disseminação de notícias falsas e desinformação exige uma revisão do arcabouço legal para combater a manipulação da opinião pública.

A viralização de conteúdo eleitoral nas redes sociais pode ter um impacto profundo nas campanhas. Mensagens que ganham tração rapidamente podem influenciar a opinião dos eleitores de maneira significativa, mudando o cenário político de forma surpreendente.

A capacidade de segmentar o público com precisão é uma característica das redes sociais que altera a dinâmica das estratégias de campanha. Os candidatos podem direcionar suas mensagens para grupos específicos, adaptando sua abordagem para se adequar a diferentes segmentos da sociedade.

A ascensão dos influenciadores digitais como formadores de opinião agrega uma camada adicional de complexidade ao ambiente eleitoral. Suas recomendações e perspectivas podem impactar as preferências dos eleitores de maneira que desafia as estruturas tradicionais de propaganda política.

No contexto eleitoral, a transparência torna-se um imperativo. A identificação de patrocinadores de conteúdo, a divulgação de informações relevantes e a garantia de que o eleitor tenha acesso à verdade são componentes essenciais da integridade das eleições.

A regulamentação das atividades nas redes sociais em períodos eleitorais é um desafio delicado. Encontrar um equilíbrio entre a liberdade de expressão e a proteção contra abusos é crucial para garantir eleições justas e transparentes.

A convergência entre a tecnologia e o direito é necessária para enfrentar os desafios trazidos pelo papel das redes sociais na divulgação de informações eleitorais. O estabelecimento de diretrizes claras e o aprimoramento constante das políticas são passos essenciais.

A interseção entre as redes sociais e o direito eleitoral abre novos horizontes e complexidades. Em meio a essa era digital, compreender e regular o papel das redes sociais é vital para preservar a integridade das eleições e a confiança pública na democracia.

3.10. A dificuldade de Documentar Provas Digitais ao Longo do Tempo

No contexto do direito eleitoral, a dificuldade de documentar provas digitais ao longo do tempo emerge como uma complexidade inerente à era digital. A natureza efêmera dos dados digitais e a constante evolução tecnológica lançam um desafio adicional à preservação das evidências.

As provas digitais enfrentam a efemeridade do ambiente virtual. Dados podem ser modificados, excluídos ou perdidos, resultando na perda de informações essenciais para o processo eleitoral. A transitoriedade dos registros digitais exige uma abordagem diferenciada para sua documentação e preservação.

O tempo é tanto aliado quanto obstáculo na documentação de provas digitais. Se por um lado, a tecnologia avança rapidamente, por outro, a passagem do tempo pode comprometer a acessibilidade e a legibilidade das evidências, criando desafios para sua autenticidade e veracidade.

Diante dessa complexidade, estratégias preventivas são essenciais. A adoção de métodos de arquivamento seguro e a documentação detalhada dos processos de coleta e preservação de provas digitais ao longo do tempo são passos fundamentais para a integridade do material probatório.

A criptografia surge como uma das soluções para a dificuldade de documentar provas digitais. A utilização de técnicas criptográficas para garantir a autenticidade, integridade e rastreabilidade das evidências pode aumentar a confiabilidade do material ao longo do tempo.

O uso de tecnologias de registros imutáveis, como blockchain, também pode desempenhar um papel vital na preservação das provas digitais. A capacidade de criar um histórico inalterável e transparente pode mitigar os desafios relacionados à documentação temporal.

A dinâmica digital exige a evolução dos padrões de evidência. A adaptação das normas legais para contemplar as particularidades das provas digitais é um passo crucial na garantia da admissibilidade dessas evidências ao longo do tempo.

Uma documentação detalhada das etapas de coleta, preservação e autenticação das provas digitais é um imperativo. O registro minucioso dos processos empregados, das ferramentas utilizadas e dos responsáveis pela manipulação das evidências contribui para a sua validade ao longo do tempo.

Em um contexto globalizado, a documentação de provas digitais para processos eleitorais enfrenta o desafio da internacionalização. As evidências podem estar armazenadas em servidores localizados em diferentes jurisdições, o que demanda uma cooperação transnacional para sua preservação.

A preservação das provas digitais ao longo do tempo é uma questão multidimensional. Exige a combinação de estratégias tecnológicas, regulamentações legais e conscientização contínua sobre as particularidades das evidências digitais para garantir a sua integridade e admissibilidade em processos eleitorais.

3.11. A Uniformidade na Admissibilidade e Provas Digitais entre Diferentes Jurisdições e Tribunais

No cenário do direito eleitoral, a busca por uniformidade na admissibilidade de provas digitais entre diferentes jurisdições e tribunais emerge como um desafio multifacetado e crucial. A crescente globalização e interconexão digital demandam uma abordagem harmonizada para garantir a validade e a justiça dos processos eleitorais.

As fronteiras geográficas são cada vez mais permeáveis no ciberespaço, o que torna essencial a construção de um entendimento comum sobre a admissibilidade de provas digitais. As divergências entre jurisdições podem resultar em decisões conflitantes e impactar a legitimidade dos processos eleitorais.

A jurisprudência variada sobre provas digitais entre diferentes jurisdições traz um desafio adicional. A falta de uniformidade nas decisões pode criar incertezas jurídicas e dificultar a previsibilidade dos resultados em casos envolvendo evidências digitais.

A cooperação internacional é fundamental para enfrentar esse desafio. A troca de experiências e conhecimentos entre tribunais de diferentes países pode contribuir para o desenvolvimento de princípios comuns que norteiem a admissibilidade de provas digitais.

A adoção de padrões internacionais para a admissibilidade de provas digitais pode ser um caminho para a uniformização. A convergência em relação aos critérios de autenticidade, integridade e confiabilidade das evidências digitais pode mitigar as discrepâncias entre jurisdições.

A adaptação das leis locais para contemplar as particularidades das provas digitais é um passo crucial. A flexibilidade das normas é necessária para abranger a dinâmica do ambiente digital, ao mesmo tempo em que busca manter princípios jurídicos sólidos.

O avanço tecnológico também desempenha um papel na busca por uniformidade. A incorporação de ferramentas tecnológicas avançadas, como análise forense digital, pode contribuir para uma avaliação mais precisa e uniforme das provas digitais em diferentes contextos.

Organizações internacionais desempenham um papel vital na promoção da uniformidade. Fóruns de discussão e cooperação podem facilitar o diálogo entre os países e promover a criação de diretrizes consensuais para a admissibilidade de provas digitais.

A transparência nos processos judiciais é um princípio fundamental para alcançar a uniformidade na admissibilidade de provas digitais. A divulgação de diretrizes e critérios adotados para avaliação das evidências contribui para a previsibilidade e justiça das decisões.

A uniformidade na admissibilidade de provas digitais é um desafio que transcende fronteiras. Requer o comprometimento de juristas, acadêmicos e profissionais do direito eleitoral em todo o mundo para criar um ambiente jurídico coeso e eficiente no contexto da era digital.

3.12. A Capacitação dos Profissionais do direito para Compreender e Lidar com as Provas Digitais

No panorama do direito eleitoral contemporâneo, a capacitação dos profissionais do direito para compreender e lidar com as complexidades das provas digitais emerge como um imperativo inescapável. A revolução digital alterou a natureza das evidências, e advogados, juízes e promotores enfrentam o desafio de se atualizar para oferecer justiça eficaz na era digital.

A compreensão das provas digitais vai além das doutrinas tradicionais do direito. Profissionais devem expandir sua visão para compreender as nuances das tecnologias, da forense digital e da autenticidade em ambientes virtuais.

A aprendizagem contínua é um aliado crucial nessa jornada. Seminários, cursos e workshops especializados fornecem a base para profissionais adquirirem as habilidades necessárias para examinar e avaliar evidências digitais com rigor.

A especialização nesse campo é fundamental. Advogados devem se tornar especialistas em autenticidade digital, análise de metadados e rastreamento de origem para oferecer argumentos convincentes em tribunais.

A compreensão das provas digitais transcende o direito. A interdisciplinaridade, envolvendo colaborações com especialistas em TI e forenses digitais, enriquece a abordagem jurídica para a análise de evidências digitais.

A criação de bancos de dados jurídicos contendo casos relevantes de provas digitais é uma ferramenta inestimável. Essa prática permite a busca de precedentes e inspira abordagens inovadoras em casos atuais.

A inclusão de disciplinas de direito digital nas grades curriculares acadêmicas é uma resposta necessária. Essa adaptação permite que futuros profissionais adquiram habilidades digitais desde cedo, preparando-os para o cenário jurídico moderno.

A pesquisa acadêmica e a publicação de estudos são cruciais para disseminar o conhecimento. Advogados e acadêmicos podem compartilhar insights sobre desafios e estratégias relacionadas a provas digitais.

A capacitação dos profissionais do direito é uma busca pela justiça equitativa. Somente através de uma compreensão aprofundada das provas digitais é possível garantir decisões justas e bem fundamentadas.

Aprender e se adaptar à constante evolução das provas digitais é uma missão que exige dedicação e engajamento. Profissionais do direito, como verdadeiros estudiosos, devem abraçar esse desafio para oferecer uma advocacia que esteja à altura das demandas do mundo digital.

3.13. A Constante Evolução das Tecnologias e das Práticas Digitais

Na paisagem do direito eleitoral, o cenário em constante mutação das tecnologias e práticas digitais apresenta uma dança intrincada entre desafios e oportunidades. A velocidade exponencial de evolução tecnológica e a mudança das dinâmicas eleitorais demandam uma abordagem ágil e adaptativa por parte dos profissionais do direito.

O olhar atento do estudioso do direito eleitoral deve estar constantemente voltado para a vanguarda tecnológica. A compreensão das últimas inovações é essencial para abordar eficazmente as novas dimensões das provas digitais e da disseminação de informações eleitorais.

Cada nova ferramenta digital traz consigo um desafio correspondente. A ascensão de aplicativos de mensagens, redes sociais e plataformas de streaming reconfigura o cenário eleitoral, requerendo uma interpretação adaptada das leis e regulamentos.

Com o aumento das práticas digitais, a cibersegurança torna-se uma peça fundamental no tabuleiro eleitoral. A proteção contra-ataques cibernéticos e a integridade das informações eleitorais exigem uma atenção constante.

A revolução digital concede a todos uma plataforma para expressar opiniões. A disseminação viral de informações eleitorais exige um estudo cuidadoso das implicações legais e da veracidade das declarações.

O aumento da comunicação online e das transações eletrônicas exige um entendimento aprofundado das evidências digitais. A habilidade de conectar pontos e montar o quebra-cabeça das provas é fundamental para o desenrolar dos casos eleitorais.

A política eleitoral adota cada vez mais plataformas digitais para alcançar os eleitores. Com isso, surgem desafios na regulação e supervisão das campanhas, levando os estudiosos do direito eleitoral a explorar novos paradigmas.

O espaço digital e a legislação eleitoral devem estar entrelaçados. A compreensão da tecnologia por parte dos estudiosos de direito é crucial para criar regulamentos que acompanhem a evolução do mundo digital.

A constante evolução das tecnologias exige uma busca incansável por equidade no direito eleitoral. A aplicação justa das leis digitais é um desafio complexo, mas é essencial para a saúde do processo democrático.

A interseção entre o direito eleitoral e a evolução digital é um campo emocionante e desafiador. O estudioso que navega por essa encruzilhada está destinado a moldar o futuro da democracia digital, trazendo justiça e equidade em um mundo em constante movimento.

3.14. A Definição clara dos Critérios de Admissibilidade das Provas Digitais

Em meio ao intricado cenário do direito eleitoral contemporâneo, as provas digitais emergem como elementos cruciais na busca por uma justiça eleitoral transparente e eficaz. A definição clara dos critérios de admissibilidade dessas evidências digitais surge como uma tarefa fundamental, abrindo caminho para uma jurisprudência sólida e embasada.

A autenticidade das provas digitais é uma questão que paira no horizonte eleitoral. O estudioso do direito, imerso na era digital, enfrenta o desafio de discernir entre as provas genuínas e aquelas que podem ter sido alteradas ou manipuladas.

A autenticidade das provas digitais é uma questão que paira no horizonte eleitoral. O estudioso do direito, imerso na era digital, enfrenta o desafio de discernir entre as provas genuínas e aquelas que podem ter sido alteradas ou manipuladas.

Em um ecossistema eleitoral saturado de informações, a busca pela integridade das provas digitais é como desvendar um intricado quebra-cabeça. Garantir que os elementos digitais apresentados sejam confiáveis e não tenham sido corrompidos torna-se uma prioridade para a justiça eleitoral.

A evolução da jurisprudência digital no direito eleitoral é uma trilha complexa a ser explorada. O estudioso do direito, nesse contexto, deve ser um pioneiro na definição de critérios claros de admissibilidade, guiando-se pela essência do processo eleitoral e pela integridade das provas apresentadas.

Diretrizes nítidas para a admissibilidade de provas digitais estabelecem um alicerce sólido para a justiça eleitoral moderna. A clareza das regras oferece confiança tanto aos profissionais do direito quanto à população, assegurando que as evidências digitais desempenhem seu papel de forma justa e equilibrada.

O estudioso do direito eleitoral está em constante evolução, navegando pelas águas turbulentas da era digital. A busca por definir os critérios de admissibilidade exige uma mente ágil e aberta, pronta para incorporar as mudanças rápidas que a tecnologia e o cenário eleitoral trazem.

A salvaguarda da autenticidade das provas digitais requer uma abordagem multifacetada. A identificação de métodos seguros de rastreio e validação, aliada a uma análise profunda do contexto em que as provas são apresentadas, contribui para uma admissibilidade sólida e confiável.

A busca por critérios universais de admissibilidade das provas digitais transcende as fronteiras, visto que a digitalização afeta os processos eleitorais em todo o globo. A troca de conhecimento e experiências entre jurisdições pode levar a uma maior consistência e coerência no tratamento dessas evidências.

A definição dos critérios de admissibilidade das provas digitais é uma jornada contínua. À medida que a tecnologia evolui e os processos eleitorais se transformam, o estudioso do direito eleitoral tem a missão de liderar a criação de normas que garantam a justiça e a transparência em um mundo cada vez mais digitalizado.

3.15. A Integração de Especialistas em Tecnologia como Testemunhas para Explicar a Natureza das Provas Digitais

No dinâmico universo do direito eleitoral, onde as provas digitais desempenham um papel crucial, surge um desafio intrigante: a integração de especialistas em tecnologia como testemunhas. Esse encontro entre o mundo jurídico e o digital traz uma nova dimensão à análise das evidências digitais.

A presença de especialistas em tecnologia como testemunhas, ao lado dos profissionais do direito, representa uma colaboração interdisciplinar essencial. Esses peritos, munidos de conhecimento técnico, trazem luz para a natureza complexa das provas digitais, explicando de maneira acessível para o tribunal e as partes envolvidas.

A integração de especialistas como testemunhas eleva o discurso no tribunal a um nível de credibilidade superior. Suas explanações baseadas em evidências científicas trazem uma nova dimensão à análise das provas digitais, fundamentando as decisões judiciais em fatos incontestáveis.

O papel dos especialistas em tecnologia como testemunhas transcende a mera explicação. Eles desvendam a complexidade das provas digitais, ajudando a desmistificar o ambiente tecnológico e tornando-o acessível a todos os envolvidos no processo eleitoral.

Os especialistas em tecnologia como testemunhas atuam como uma ponte crucial entre os mundos tecnológico e jurídico. Sua presença garante que as provas digitais sejam compreendidas dentro de um contexto legal, assegurando que a justiça seja alcançada em uma era digital em constante evolução.

A inclusão de especialistas em tecnologia como testemunhas traz um rigor científico à análise das provas digitais. Sua abordagem analítica detalhada permite uma compreensão completa das evidências digitais, minimizando margens de erro e incertezas.

No labirinto de códigos e algoritmos, os especialistas em tecnologia como testemunhas trazem esclarecimento às complexidades do mundo digital. Eles contextualizam os processos, esmiúçam as técnicas e fornecem uma visão clara das provas digitais em questão.

A integração de especialistas em tecnologia como testemunhas é como montar um intrincado quebra-cabeça digital. Suas peças de conhecimento se encaixam para formar uma imagem clara das provas, permitindo que a justiça eleitoral tome decisões informadas e precisas.

À medida que a tecnologia avança e novos desafios surgem, a integração de especialistas em tecnologia como testemunhas continuará a evoluir. A intersecção entre o direito eleitoral e a expertise tecnológica moldará um cenário mais claro, garantindo a integridade do processo eleitoral na era digital.

3.16. O Estabelecimento de Padrões de Autenticação Digital e Métodos Confiáveis de Coleta de Evidências

No cenário em constante evolução do direito eleitoral, emerge um desafio crítico: estabelecer padrões de autenticação digital e métodos de coleta de evidências que garantam a confiabilidade das informações apresentadas.

A autenticação de provas digitais é como montar um quebra-cabeça complexo. Os especialistas em direito eleitoral trabalham diligentemente para definir padrões que verifiquem a autenticidade das evidências, protegendo assim a integridade do processo.

A criação de chaves de autenticação digital, como assinaturas eletrônicas e certificados digitais, estabelece um selo de confiança nas provas apresentadas. Essas chaves atuam como garantias de que a origem das evidências é legítima.

O estabelecimento de métodos confiáveis de coleta de evidências é como aplicar selos de credibilidade ao processo eleitoral. Desde a captação até o armazenamento seguro, cada etapa é projetada para garantir que as informações não sejam adulteradas.

A implementação de uma cadeia de custódia digital sólida assegura que as provas eleitorais sejam protegidas desde sua criação até sua apresentação. Isso envolve a documentação cuidadosa e rastreabilidade para garantir a integridade das evidências.

No vasto universo digital, a autenticação é um farol orientador. A definição de métodos confiáveis, como registros de data e hora verificáveis e sistemas de autenticação em duas etapas, direciona a análise das evidências eleitorais.

A definição de padrões de autenticação digital não é apenas uma formalidade; é uma salvaguarda contra manipulações. Cada medida implementada protege as informações contra adulterações e garante a integridade do processo eleitoral.

O estabelecimento de métodos confiáveis de coleta é como clarear o caminho da justiça. Com procedimentos documentados e transparentes, a confiabilidade das provas é inquestionável, proporcionando uma base sólida para as decisões judiciais.

A busca por padrões de autenticação e métodos de coleta confiáveis redefine a credibilidade no âmbito eleitoral. Essa constante evolução molda um processo mais transparente e justo, assegurando que a confiança nas provas digitais seja inabalável.

O estabelecimento de padrões de autenticação digital e métodos de coleta confiáveis é como vestir a justiça com uma armadura de integridade. Essa armadura protege contra ameaças de falsificações e garante que a voz do eleitor seja preservada na era digital.

3.17. A busca Contínua por Soluções Tecnológicas que possam Aprimorar a Autenticidade, Integridade e a admissibilidade das Provas Digitais

Com a evolução constante do cenário eleitoral, surge uma busca incansável por soluções tecnológicas que possam elevar a autenticidade, integridade e admissibilidade das provas digitais a um novo patamar. Nesse contexto, os estudiosos do direito eleitoral estão imersos em uma jornada pela inovação, empenhados em encontrar ferramentas que fortaleçam o valor probatório das evidências digitais.

A incessante busca por soluções tecnológicas é como uma trilha rumo à modernização do processo eleitoral. A incorporação de tecnologias avançadas, como a blockchain, desenha um caminho de confiabilidade, onde cada prova digital possui uma assinatura imutável que atesta sua autenticidade.

No enlace entre o direito e a tecnologia, a busca por soluções inovadoras é o motor da transformação. A pesquisa por métodos de criptografia e assinaturas digitais robustas constrói um arsenal de segurança, onde as provas digitais são protegidas de adulterações e garantem sua integridade.

A incessante procura por soluções é como um farol orientador no mar digital. A exploração de softwares de verificação de autenticidade e ferramentas de rastreamento desenha um mapa confiável para validar a origem e o percurso das evidências digitais, tornando o processo eleitoral mais transparente.

A busca contínua por soluções tecnológicas é como uma jornada pela clareza no universo digital. A implementação de assinaturas eletrônicas avançadas e registros digitais certificados é como inscrever um carimbo de autenticidade em cada prova digital, promovendo a confiabilidade e a admissibilidade.

A busca incansável por soluções é o alicerce da inovação eleitoral. A exploração de algoritmos de autenticação e técnicas de validação cria uma rede de segurança em torno das evidências digitais, garantindo que cada prova seja digna de confiança perante a lei.

A procura incessante por soluções tecnológicas é como um compromisso com a modernidade. A adoção de plataformas de verificação de autenticidade e ferramentas de auditoria digital projeta um terreno seguro onde as provas digitais se erguem como pilares da verdade eleitoral.

A constante busca por soluções é como a trilha da inovação no direito eleitoral. A exploração de técnicas de biometria e análise forense digital é como uma jornada que amplia os horizontes da confiabilidade, garantindo que cada prova digital seja um reflexo autêntico da realidade eleitoral.

A incessante busca por soluções tecnológicas é o coração da transformação no processo eleitoral. A incorporação de sistemas de autenticação biométrica e métodos de criptografia projeta um futuro onde as provas digitais são ancoras da verdade, forjando a credibilidade do sistema eleitoral.

Capítulo 04

4. Provas Digitais nas Campanhas Eleitorais

No cenário das campanhas eleitorais, as provas digitais emergem como um elemento fundamental, redefinindo a maneira como a verdade é estabelecida no âmbito do direito eleitoral. Essas evidências digitais são como trilhas digitais que conduzem aos eventos e narrativas que moldam as decisões dos eleitores e a integridade do processo eleitoral.

A presença das provas digitais nas campanhas eleitorais é como uma janela aberta para os bastidores do cenário político. A análise de mensagens, vídeos e publicações nas redes sociais cria um panorama minucioso das estratégias e discursos adotados pelos candidatos, conferindo uma nova dimensão à fiscalização da legalidade das ações.

A incorporação das provas digitais nas campanhas eleitorais é como a introdução de uma linguagem universal que transcende as fronteiras geográficas. A disseminação de informações e conteúdos nas plataformas digitais traça um mapa complexo de interações que moldam as percepções e escolhas dos eleitores.

No contexto eleitoral, as provas digitais são como peças de um quebra-cabeça que compõem a narrativa da disputa política. A análise de metadados e registros digitais revela os rastros das comunicações e interações que ocorrem nos bastidores das campanhas, permitindo uma visão aprofundada das estratégias utilizadas.

A inclusão das provas digitais nas campanhas eleitorais é como um divisor de águas na forma como as ações dos candidatos são documentadas e avaliadas. O rastreamento de interações nas redes sociais e a análise de padrões de comportamento criam um panorama detalhado das estratégias de comunicação adotadas.

A presença das provas digitais nas campanhas eleitorais é como um espelho que reflete as dinâmicas de poder e influência no ambiente digital. A análise de dados e a identificação de padrões de compartilhamento de conteúdo revelam as redes de apoio e as tendências que permeiam o discurso político.

A incorporação das provas digitais nas campanhas eleitorais é como a abertura de uma nova dimensão na busca pela verdade e transparência. A análise de metadados, *timestamps* [3] e registros de atividades digitais é como um exame forense que ilumina os eventos e revela os detalhes por trás das interações online.

No universo das campanhas eleitorais, as provas digitais são como fragmentos de um quebra-cabeça que compõem a imagem completa da narrativa política. A análise de mensagens, imagens e vídeos compartilhados nas plataformas digitais permite traçar um panorama abrangente das estratégias e discursos adotados pelos candidatos.

A inclusão das provas digitais nas campanhas eleitorais é como a incorporação de uma nova linguagem que amplia as possibilidades de investigação e análise. A análise de padrões de comportamento, conteúdos compartilhados e interações online é como decifrar um código que revela as estratégias e tendências no cenário político.

A presença das provas digitais nas campanhas eleitorais é como um farol que ilumina as nuances das interações online e a influência digital nas escolhas dos eleitores. A análise de dados, padrões de comportamento e tendências de compartilhamento cria um retrato complexo das dinâmicas que moldam o cenário político no ambiente digital.

---

[3] Timestamps" nas provas digitais é como a assinatura temporal que atesta a veracidade das interações online

4.1. O Uso de Provas Digitais nas Campanhas Eleitorais

No cenário do direito eleitoral, a utilização de provas digitais desempenha um papel vital na fiscalização das propagandas eleitorais veiculadas nos meios digitais. Essa ferramenta moderna e sofisticada possibilita aos órgãos de controle e à justiça eleitoral um olhar minucioso sobre as campanhas, garantindo a conformidade com as leis e regulamentações.

O emprego das provas digitais na fiscalização de propagandas eleitorais é como um farol que ilumina as estratégias de comunicação adotadas pelos candidatos. Essas evidências eletrônicas permitem uma análise detalhada das mensagens veiculadas, identificando eventuais irregularidades ou violações das normas eleitorais.

A aplicação das provas digitais na fiscalização das propagandas eleitorais é como uma lupa que amplia os detalhes das peças publicitárias. Por meio de imagens, vídeos e registros de compartilhamento, é possível verificar a exatidão das informações divulgadas e assegurar que não haja disseminação de desinformação.

No âmbito eleitoral, o uso das provas digitais na fiscalização das propagandas é como um escudo que protege a integridade do processo democrático. A capacidade de rastrear a origem e a autenticidade das mensagens veiculadas é essencial para evitar práticas enganosas ou manipulativas que possam influenciar o eleitorado de forma indevida.

A incorporação das provas digitais na fiscalização das propagandas eleitorais é como um detector de irregularidades, capaz de identificar violações das regras estabelecidas. Isso contribui para manter um ambiente eleitoral transparente e justo, garantindo que todos os candidatos estejam sujeitos às mesmas normas e condições.

O emprego das provas digitais na fiscalização das propagandas eleitorais é como um instrumento que oferece uma visão precisa das estratégias de comunicação dos candidatos. Isso possibilita aos órgãos competentes analisar se as mensagens veiculadas estão de acordo com as diretrizes e se não ferem princípios éticos ou legais.

A utilização das provas digitais na fiscalização de propagandas eleitorais é como um mecanismo que ajuda a evitar a propagação de notícias falsas e informações enganosas. Ao analisar a autenticidade das mensagens, é possível mitigar os riscos de manipulação do eleitorado por meio de conteúdos inverídicos.

No contexto eleitoral, o uso das provas digitais na fiscalização das propagandas é como uma ferramenta que assegura a transparência do processo. Ao monitorar as mensagens veiculadas online, é possível identificar possíveis violações das normas e tomar medidas adequadas para garantir a lisura das eleições.

A aplicação das provas digitais na fiscalização das propagandas eleitorais é como um escudo que protege a integridade do processo democrático. A capacidade de rastrear a origem e a autenticidade das mensagens veiculadas é essencial para evitar práticas enganosas ou manipulativas que possam influenciar o eleitorado de forma indevida.

4.2. Caso de *FAKE NEWS* e Desinformação

No complexo cenário do direito eleitoral, os casos de fake news e desinformação emergem como desafios significativos, impactando a integridade do processo democrático. A disseminação deliberada de informações falsas visa manipular a opinião pública e influenciar os resultados das eleições, demandando uma abordagem jurídica e ética robusta.

A proliferação de *fake news* e desinformação no âmbito eleitoral é como uma sombra que obscurece a verdade. A disseminação massiva de informações distorcidas pode comprometer a tomada de decisões informadas pelos eleitores, tornando imperativo o combate efetivo a essas práticas prejudiciais.

O fenômeno das *fake news* e desinformação no direito eleitoral é como uma tempestade que ameaça a clareza do processo. A disseminação de notícias falsas pode criar um ambiente de incerteza, minando a confiança do eleitorado e prejudicando a legitimidade das eleições.

No âmbito eleitoral, os casos de *fake news* e desinformação são como obstáculos que desafiam a integridade do sistema democrático. A capacidade de distinguir informações confiáveis das falsas torna-se crucial para que os cidadãos possam exercer seu direito ao voto de maneira consciente.

A abordagem de casos de *fake news* e desinformação no direito eleitoral é como um quebra-cabeça complexo que exige soluções multifacetadas. É necessário equilibrar a liberdade de expressão com a responsabilidade de não disseminar informações enganosas que possam influenciar negativamente o processo democrático.

A luta contra casos de *fake news* e desinformação no contexto eleitoral é como uma batalha pela preservação da verdade e da integridade das eleições. É essencial estabelecer mecanismos eficazes para identificar, desmascarar e conter a propagação dessas práticas, garantindo um ambiente eleitoral justo e transparente.

No cenário eleitoral, os casos de *fake news* e desinformação são como chamas que ameaçam a estabilidade do processo democrático. É preciso adotar medidas proativas para educar o público sobre a importância da verificação de fontes e promover a conscientização sobre os perigos das informações falsas.

A abordagem de casos de *fake news* e desinformação no direito eleitoral é como um exercício constante de vigilância. Os órgãos de controle e a justiça eleitoral devem estar atentos e ágeis para identificar e combater a disseminação de notícias falsas que possam distorcer a vontade do eleitorado.

No âmbito do direito eleitoral, os casos de *fake news* e desinformação são como enigmas que desafiam a construção de um ambiente eleitoral confiável. É imperativo que os legisladores e as instituições desenvolvam estratégias para responsabilizar aqueles que propagam informações falsas com intenção de prejudicar o processo eleitoral.

A abordagem de casos de *fake news* e desinformação no direito eleitoral é como a defesa de um pilar fundamental da democracia. A promoção da verdade, da transparência e da informação precisa é essencial para assegurar que o processo eleitoral seja um reflexo genuíno da vontade do povo.

Capítulo 05

5. Provas Digitais nas Campanhas Eleitorais

No cenário dinâmico do direito eleitoral, as Provas Digitais emergem como elementos cruciais nas campanhas políticas, moldando a maneira como os candidatos se comunicam com os eleitores. A evolução da tecnologia trouxe consigo a necessidade de adaptar as estratégias de coleta e apresentação de evidências no contexto eleitoral.

A presença das Provas Digitais nas campanhas eleitorais é como um reflexo do mundo conectado em que vivemos. As redes sociais, plataformas de mensagens e sites de notícias online tornaram-se arenas onde a disseminação de informações e a construção de narrativas políticas acontecem de maneira digitalizada.

As Provas Digitais nas campanhas eleitorais funcionam como testemunhos virtuais que podem influenciar a percepção dos eleitores. Imagens, vídeos e mensagens compartilhadas online podem se tornar evidências cruciais para sustentar a veracidade de discursos políticos ou expor possíveis irregularidades.

No âmbito eleitoral, as Provas Digitais atuam como fragmentos de um quebra-cabeça digital que podem revelar a autenticidade de discursos e promessas de candidatos. A rastreabilidade das informações online é fundamental para garantir a responsabilidade dos envolvidos e a lisura do processo eleitoral.

A utilização de Provas Digitais nas campanhas eleitorais é como um elo entre o mundo virtual e o mundo real. A autenticidade de registros de doações, divulgação de conteúdo e interações online ganha destaque, uma vez que essas informações podem influenciar o resultado das eleições.

No contexto eleitoral, as Provas Digitais representam um desafio e uma oportunidade. A capacidade de coletar, analisar e apresentar evidências digitais de maneira confiável é essencial para garantir a justiça e a transparência no processo de escolha dos representantes políticos.

A incorporação de Provas Digitais nas campanhas eleitorais é como uma resposta à era digital, onde as informações circulam em velocidade impressionante. A habilidade de apresentar evidências concretas no ambiente online é um aspecto crucial para construir confiança entre os candidatos e os eleitores.

No âmbito do direito eleitoral, as Provas Digitais são como trilhas digitais que podem ser seguidas para entender as estratégias e ações dos candidatos. A análise de registros online pode revelar padrões de comportamento e discursos que auxiliam na formação de opinião dos eleitores.

A utilização de Provas Digitais nas campanhas eleitorais é como a exploração de um novo território. A coleta e análise de dados digitais podem fornecer insights valiosos sobre a eficácia das estratégias de comunicação e a recepção do público.

A presença de Provas Digitais nas campanhas eleitorais é como um elemento de transformação no cenário político. A maneira como os candidatos lidam com as plataformas online e as evidências digitais pode influenciar não apenas o resultado das eleições, mas também a relação entre os eleitores e os representantes políticos.

5.1. O Papel das Provas Digitais na Investigação de Crimes Eleitorais

No complexo cenário do direito eleitoral, as Provas Digitais assumem um papel vital na investigação de crimes eleitorais, delineando uma nova fronteira de evidências que se desdobram em plataformas digitais. A interseção entre tecnologia e justiça é evidente na forma como essas provas desempenham um papel determinante em casos que envolvem fraudes, desinformação e manipulação política.

A relevância das Provas Digitais na investigação de crimes eleitorais é como a descoberta de um tesouro de informações ocultas nas vastas redes virtuais. Comunicações por mensagens, postagens em redes sociais e registros online podem traçar uma trilha digital que revela intrigas e tramoias que, de outra forma, permaneceriam desconhecidas.

As Provas Digitais, no contexto das investigações de crimes eleitorais, são como lanternas que iluminam os cantos mais sombrios da esfera digital. A análise de metadados, registros de acesso e comunicações eletrônicas pode fornecer insights sobre os bastidores das campanhas e as estratégias nefastas por trás de atos ilegais.

A utilização das Provas Digitais em casos de crimes eleitorais é como uma forma de decodificar o comportamento online dos envolvidos. A análise de padrões de interação, horários de postagem e compartilhamento de conteúdo pode revelar ações coordenadas que violam as leis eleitorais.

No âmbito da investigação de crimes eleitorais, as Provas Digitais são como fragmentos de um quebra-cabeça digital que, quando montados, apresentam uma imagem clara das atividades ilegais. A trilha de dados eletrônicos pode levar a descobertas que corroborem a existência de condutas inadequadas ou ilegais.

As Provas Digitais na investigação de crimes eleitorais são como o testemunho virtual de um mundo cada vez mais conectado. Os registros digitais podem capturar detalhes imperceptíveis em situações presenciais e, assim, fornecer um panorama mais completo das ações que podem ter impactos eleitorais.

A presença das Provas Digitais nas investigações de crimes eleitorais é como uma lente que amplia a visão das autoridades para além do mundo físico. A análise de atividades online pode revelar conexões, alianças e estratégias que moldam o cenário eleitoral de maneira oculta.

As Provas Digitais, quando aplicadas na investigação de crimes eleitorais, são como a chave para desvendar conspirações digitais. A análise meticulosa de registros, postagens e interações online pode revelar a existência de ações coordenadas que visam minar a integridade das eleições.

A utilização das Provas Digitais em casos de crimes eleitorais é como a materialização da era digital no campo jurídico. A capacidade de rastrear e documentar interações e atividades online fornece um novo nível de evidência que permite às autoridades entender as complexidades das ações ilegais.

No contexto da investigação de crimes eleitorais, as Provas Digitais são como a trilha que leva à verdade escondida em meio à vasta paisagem digital. A análise de registros, conversas e transações eletrônicas pode desvendar práticas ilícitas que, de outra forma, permaneceriam ocultas.

Descobrir e apresentar Provas Digitais na investigação de crimes eleitorais é como decifrar um código complexo que revela o comportamento digital dos envolvidos. A análise de atividades online, como compartilhamento de conteúdo, interações em redes sociais e troca de mensagens, pode traçar conexões e padrões que apontam para ações ilegais.

As Provas Digitais desempenham um papel de destaque na investigação de crimes eleitorais, assemelhando-se a uma ferramenta que desvenda as atividades nos bastidores das campanhas. A análise de registros eletrônicos pode ajudar a esclarecer se há desvios de conduta, corrupção ou outras práticas ilícitas que buscam influenciar o processo democrático.

A integração das Provas Digitais na investigação de crimes eleitorais é como incorporar um novo capítulo ao livro do direito eleitoral. A adaptação a essa realidade digital implica compreender a linguagem das plataformas online, a análise de dados e as ferramentas tecnológicas que podem revelar atividades ilícitas.

As Provas Digitais, quando utilizadas na investigação de crimes eleitorais, são como os olhos eletrônicos que vigiam as atividades online dos envolvidos. A coleta e análise de dados eletrônicos, como registros de IP, históricos de navegação e mensagens, podem ser a chave para entender estratégias e conspirações que podem prejudicar o processo democrático.

A aplicação das Provas Digitais na investigação de crimes eleitorais é como a transição do analógico para o digital no campo jurídico. A compreensão da relevância das evidências eletrônicas, como capturas de tela, registros de acesso e histórico de conversas, é crucial para a correta condução de investigações.

No contexto da investigação de crimes eleitorais, as Provas Digitais assumem a forma de vestígios que moldam a narrativa do caso. A análise detalhada de documentos eletrônicos, registros de atividades e padrões de comportamento pode fornecer uma imagem clara das ações que podem ter afetado o processo eleitoral.

A utilização das Provas Digitais na investigação de crimes eleitorais é como ter um detector de mentiras para o mundo online. A análise de registros de mensagens, postagens e compartilhamentos pode desvendar a disseminação de informações falsas e ações que visam distorcer a percepção pública.

As Provas Digitais, quando aplicadas na investigação de crimes eleitorais, têm o poder de revelar o submundo digital das campanhas. A análise de registros eletrônicos, como troca de mensagens e rastros de navegação, pode mostrar ações coordenadas e estratégias obscuras que visam influenciar o resultado das eleições.

No cenário da investigação de crimes eleitorais, as Provas Digitais se apresentam como um arsenal de informações que podem ser exploradas para desvendar práticas ilegais. A análise de registros online, como conversas, transações e compartilhamentos, pode fornecer uma visão precisa das ações dos envolvidos.

Em resumo, as Provas Digitais têm o potencial de redefinir a forma como lidamos com a investigação de crimes eleitorais, trazendo à tona um novo horizonte de evidências que se desdobram no mundo virtual. A compreensão de sua importância e a capacidade de explorar os rastros digitais podem ser a chave para manter a integridade do processo eleitoral em uma era digital em constante evolução.

5.2. Responsabilidades dos Candidatos e Agentes Envolvidos em violações Eleitorais

No contexto do direito eleitoral, a responsabilidade dos candidatos e demais agentes envolvidos em violações assume um papel crucial para a manutenção da integridade do processo democrático. A conduta ética e legal dos postulantes é essencial para preservar a confiança dos eleitores e garantir eleições justas.

A responsabilidade dos candidatos em relação a violações eleitorais equivale a um compromisso sagrado com a democracia. A disseminação de informações falsas, a compra de votos e outras práticas ilegais podem minar a confiança no sistema e prejudicar a representatividade do pleito.

Os agentes envolvidos em violações no âmbito eleitoral enfrentam não apenas a perspectiva de consequências legais, mas também a repreensão ética da sociedade. A deturpação da verdade, a utilização de recursos ilícitos e outras práticas questionáveis podem ter impactos profundos na imagem do candidato perante os eleitores.

A responsabilidade dos candidatos em prevenir violações é comparável a um escudo de proteção para a integridade do processo eleitoral. O estabelecimento de práticas transparentes, a divulgação de informações precisas e a aderência estrita às leis eleitorais são alicerces fundamentais para construir uma campanha ética.

A *accountability*[4] dos agentes envolvidos em violações eleitorais é como uma bússola que direciona a navegação no terreno complexo da política. A clareza nas ações, o respeito pelas regras e a prestação de contas perante a sociedade são pilares que sustentam uma postura responsável.

A responsabilidade dos candidatos e agentes envolvidos em violações é como a lente que focaliza a ética no cenário eleitoral. A busca por interesses individuais em detrimento do bem coletivo pode resultar em desconfiança e descrença no sistema, afetando o próprio cerne da democracia.

Os candidatos e agentes envolvidos em violações carregam consigo a incumbência de respeitar a ética e a legalidade como se fossem as paredes que sustentam o edifício democrático. A manipulação de informações, o uso indevido de recursos e outras infrações podem abalar a estrutura de confiança no processo eleitoral.

A responsabilidade dos candidatos e demais agentes em evitar violações é como a vela que orienta a embarcação na tempestade política. A transparência, a honestidade e a aderência às normas são faróis que guiam o caminho em meio aos desafios e tentações do ambiente eleitoral.

Os agentes envolvidos em violações eleitorais assumem uma carga de responsabilidade que se assemelha a um fardo moral. A conduta ética, a prestação de contas e o respeito pelas leis são pesos que devem ser carregados para garantir a lisura e a confiabilidade do processo.

---

[4] A accountability, também conhecida como responsabilização, é um princípio fundamental no âmbito do direito eleitoral.

A responsabilidade dos candidatos em relação a violações eleitorais é como a moldura que emoldura a imagem do processo democrático. O respeito pelos princípios éticos, a integridade nas ações e o compromisso com a verdade são elementos essenciais para criar uma narrativa eleitoral positiva.

Os agentes envolvidos em violações no âmbito eleitoral carregam a responsabilidade de construir uma narrativa de integridade que se assemelha a um alicerce sólido. O alinhamento com valores éticos, a observância das regras e a busca pela verdade são pilares que sustentam a confiança dos eleitores.

A responsabilidade dos candidatos e demais agentes envolvidos em violações é como o elo que conecta a atuação individual ao processo coletivo. A compreensão de que as ações individuais têm reflexos no sistema como um todo é um lembrete constante de que a ética e a legalidade são fundamentais.

A *accountability* dos agentes envolvidos em violações eleitorais é como um farol que ilumina o caminho a seguir. A transparência nas ações, a responsabilidade pelas escolhas e a disposição de enfrentar as consequências são aspectos cruciais para a manutenção da integridade eleitoral.

A responsabilidade dos candidatos e agentes envolvidos em violações é como uma bússola que orienta o rumo das ações no cenário eleitoral. A aderência aos princípios éticos, a descoberta da verdade e a postura de prestação de contas são elementos que ajudam a manter o processo eleitoral íntegro.

Os agentes envolvidos em violações eleitorais têm a responsabilidade de compreender que suas ações reverberam na confiança dos eleitores, assemelhando-se a um espelho que reflete a postura ética. O respeito pelos valores democráticos, a honestidade na comunicação e a renúncia a práticas ilícitas são reflexos de uma atitude responsável.

A responsabilidade dos candidatos em relação a violações eleitorais está ligada à construção de uma narrativa de confiança, comparável a um fio condutor que mantém a conexão entre o eleitor e o sistema. A atuação ética, o compromisso com o bem comum e a renúncia a comportamentos questionáveis fortalecem essa ligação.

Os agentes envolvidos em violações no âmbito eleitoral têm a responsabilidade de não apenas buscar o poder, mas também de zelar pelo sistema democrático. Essa responsabilidade pode ser comparada a um escudo que protege o processo eleitoral contra influências negativas e práticas antiéticas.

A *accountability* dos agentes envolvidos em violações eleitorais é como um pilar que sustenta a credibilidade do processo. A disposição de prestar contas pelas ações, a transparência nas atividades e a conformidade com as normas estabelecidas contribuem para manter esse pilar robusto.

A responsabilidade dos candidatos e agentes envolvidos em violações é como uma lanterna que ilumina o caminho das escolhas políticas. A aderência aos princípios éticos, o respeito pela verdade e a rejeição a práticas condenáveis são elementos que guiam o trajeto em meio aos desafios eleitorais.

Os agentes envolvidos em violações no âmbito eleitoral carregam consigo a responsabilidade de manter a chama da democracia acesa, assemelhando-se a guardiões da integridade do sistema. O compromisso com a verdade, a ética na comunicação e o respeito pelas regras são chaves para cumprir esse papel.

A responsabilidade dos candidatos em relação a violações eleitorais é como a base que sustenta a legitimidade de suas aspirações. A aderência às práticas éticas, a rejeição a comportamentos questionáveis e a disposição de aceitar os resultados são alicerces que fortalecem essa base.

Os agentes envolvidos em violações no âmbito eleitoral têm a responsabilidade de entender que suas ações repercutem muito além do momento presente, semelhante a uma semente que cresce e influencia o futuro do sistema democrático. A postura ética, a honestidade e o compromisso com a verdade são nutrientes essenciais para essa semente florescer.

A *accountability* dos agentes envolvidos em violações eleitorais é como um guia que direciona a jornada política rumo à transparência e à integridade. A disposição de prestar contas, a responsabilidade pelas ações e a busca pelo bem comum são trilhas que conduzem a uma atuação mais ética e confiável.

Em suma, a responsabilidade dos candidatos e demais agentes envolvidos em violações eleitorais é como o fio condutor que mantém a eleição imparcial e justa. A atuação ética, a postura transparente e o compromisso com a integridade são os pilares que sustentam a confiança dos eleitores e preservam a essência do processo democrático. Este post é apenas para fins informativos. Em caso de questões legais, consulte um profissional jurídico qualificado.

A responsabilidade dos candidatos e demais atores envolvidos em infrações eleitorais é um pilar fundamental para a integridade do processo democrático. Essa responsabilidade pode ser comparada a um escudo que protege a confiança do eleitorado e mantém a chama da legitimidade acesa.

Assumir a responsabilidade por violações eleitorais é como carregar o estandarte da honestidade e da ética na arena política. Cada ação e decisão tomada pelos candidatos e agentes envolvidos têm o poder de moldar o destino da democracia, e a aderência a princípios morais é o compasso que os guia.

A *accountability* dos candidatos perante as violações eleitorais é como a fundação sólida sobre a qual repousa a estrutura da confiança pública. A disposição de prestar contas, a transparência nas ações e a responsabilidade pela integridade do processo eleitoral são os pilares que sustentam essa fundação.

A responsabilidade dos candidatos e agentes em relação às infrações eleitorais é como um elo essencial entre a sociedade e a política. Eles podem ser vistos como guardiões dos valores democráticos, sendo responsáveis por cultivar um terreno fértil onde floresce a confiança e a participação consciente.

A *accountability* dos candidatos perante as violações eleitorais é como o leme que direciona o barco da democracia em águas turbulentas. A aderência a princípios éticos, a prestação de contas e a busca constante pela justiça eleitoral são os instrumentos que garantem que esse leme se mantenha firme.

A responsabilidade dos candidatos e agentes em relação a infrações eleitorais é como a coluna vertebral que sustenta a estrutura da representação política. Eles carregam o peso das expectativas dos eleitores e, ao agir com transparência e ética, mantêm essa estrutura ereta e sólida. Este post é apenas para fins informativos. Em caso de questões legais, consulte um profissional jurídico qualificado.

Capítulo 06

6. Privacidade, Dados pessoais e Direito Eleitoral

Na interseção entre o universo do direito eleitoral e a crescente era digital, emerge um tema de grande relevância: a privacidade e a proteção de dados pessoais no contexto das eleições. A sociedade contemporânea, imersa na era da informação, viu seus dados pessoais se transformarem em um recurso valioso, abrindo espaço para discussões intrincadas sobre como essa realidade se entrelaça com o campo eleitoral.

A evolução tecnológica trouxe à tona a importância de regulamentar o uso de dados pessoais nas campanhas eleitorais. O direito à privacidade, consagrado em diversas normativas internacionais e nas Constituições de muitos países, encontra-se sob o holofote à medida que a coleta e o processamento de informações se intensificam em plataformas digitais.

Os eleitores estão mais conectados do que nunca, fornecendo informações pessoais em troca de serviços e comodidades online. No entanto, essa troca nem sempre é transparente, levantando questões sobre consentimento informado e controle sobre o uso de seus dados em campanhas políticas.

A proteção de dados pessoais é uma peça-chave para assegurar eleições justas e transparentes. A manipulação indevida dessas informações pode impactar negativamente a integridade do processo democrático, minando a confiança dos cidadãos no sistema eleitoral.

A implementação de leis de proteção de dados, como o Regulamento Geral de Proteção de Dados (GDPR) da União Europeia, serviu como um marco para a conscientização sobre a importância de garantir que as informações pessoais sejam tratadas com cuidado e responsabilidade. No âmbito eleitoral, a regulamentação semelhante torna-se crucial para preservar a lisura das eleições e a confiança dos eleitores.

Os desafios enfrentados no equilíbrio entre o uso legítimo de dados e a preservação da privacidade são complexos. A coleta massiva de informações pode permitir a segmentação precisa de eleitores, mas também levanta preocupações sobre a criação de "bolhas" de informações que reforçam as opiniões preexistentes, limitando a exposição a diferentes pontos de vista.

As *fake news* e a disseminação de informações enganosas têm um papel crucial no contexto eleitoral, e a proteção de dados desempenha um papel importante nesse cenário. A regulação adequada pode auxiliar na identificação de fontes de desinformação e na minimização do alcance dessas mensagens prejudiciais.

A transparência na coleta e no uso de dados deve ser uma prioridade para os atores políticos e para os órgãos reguladores. Os eleitores têm o direito de saber como suas informações estão sendo utilizadas e de entender as implicações disso em suas escolhas eleitorais.

A educação digital também desempenha um papel fundamental nesse contexto. Os eleitores precisam ser capacitados para entender os riscos e benefícios da divulgação de seus dados pessoais, bem como os mecanismos para proteger sua privacidade online.

A colaboração entre os setores público e privado é essencial para garantir a proteção de dados pessoais nas eleições. As plataformas digitais, como redes sociais e aplicativos, desempenham um papel central na coleta e compartilhamento de informações, exigindo a adoção de padrões rigorosos de privacidade.

A jurisprudência sobre a proteção de dados pessoais em contextos eleitorais está em constante evolução. Casos emblemáticos moldam o entendimento das leis existentes e podem resultar na criação de novos precedentes para futuros litígios.

Em resumo, a intersecção entre privacidade, dados pessoais e direito eleitoral é um terreno fértil para a reflexão e o desenvolvimento de regulamentações adequadas. A proteção dos dados dos eleitores é um componente-chave para assegurar a confiabilidade e a integridade do processo democrático, enquanto permite o uso legítimo da tecnologia para aprimorar a participação cívica e a transparência nas eleições.

Nesse cenário em constante transformação, as autoridades eleitorais desempenham um papel fundamental na supervisão e regulamentação do uso de dados pessoais nas campanhas políticas. A definição de diretrizes claras e a fiscalização rigorosa das práticas de coleta e processamento de informações auxiliam na manutenção da equidade e na prevenção de abusos.

A transparência na prestação de contas também é uma preocupação central. Os eleitores têm o direito de saber como as campanhas políticas estão utilizando os dados coletados para direcionar suas mensagens e estratégias. A divulgação de informações sobre os tipos de dados coletados e a finalidade de sua utilização contribui para a construção de uma relação mais confiável entre candidatos e eleitores.

A colaboração internacional é uma dimensão essencial nesse contexto. Dado que muitas plataformas digitais operam em âmbito global, a cooperação entre países e jurisdições é vital para garantir que os padrões de privacidade e proteção de dados sejam mantidos em um nível adequado.

Os princípios de proporcionalidade e necessidade também devem orientar a coleta e o uso de dados pessoais em campanhas eleitorais. A obtenção de informações deve ser justificada pela relevância direta para a comunicação de propostas políticas, evitando a invasão excessiva na esfera privada dos eleitores.

A criação de mecanismos eficientes para denúncia e responsabilização por violações de privacidade é um passo crucial. Os eleitores devem ter recursos disponíveis para reportar o uso indevido de seus dados, e os responsáveis por essas práticas devem enfrentar consequências adequadas.

A educação dos eleitores sobre seus direitos relacionados à privacidade é um componente essencial de uma democracia saudável. Compreender como seus dados são coletados, armazenados e utilizados permite que os eleitores tomem decisões informadas sobre como interagir com as campanhas políticas.

A inovação tecnológica continua a avançar, trazendo novos desafios e oportunidades para a proteção de dados pessoais nas eleições. A análise de riscos e a adaptação das regulamentações existentes são necessárias para acompanhar o ritmo acelerado das mudanças tecnológicas.

Em um ambiente onde a privacidade e a proteção de dados estão em constante evolução, o direito eleitoral desempenha um papel crucial na definição de regras claras e justas para o uso de informações pessoais em contextos políticos. A busca pelo equilíbrio entre a utilização legítima de dados e a salvaguarda da privacidade dos eleitores continua a ser um desafio complexo, mas fundamental para garantir eleições transparentes, confiáveis e alinhadas com os valores democráticos.

6.1. O Equilíbrio entre o uso de Dados Pessoais e a Proteção da Privacidade

No âmbito do direito eleitoral brasileiro, a questão do equilíbrio entre o uso de dados pessoais e a proteção da privacidade emerge como um dos desafios mais prementes da atualidade. Em uma era caracterizada pela crescente digitalização, a coleta e o processamento de informações se tornaram componentes essenciais das estratégias de campanha política. No entanto, esse avanço tecnológico também suscita preocupações quanto à preservação dos direitos individuais e da confidencialidade das informações pessoais.

A busca por esse equilíbrio delicado requer uma análise profunda das implicações éticas e jurídicas envolvidas. Por um lado, o uso estratégico de dados pode possibilitar campanhas mais direcionadas e eficazes, permitindo que os candidatos alcancem os eleitores com mensagens personalizadas e relevantes. Isso, por sua vez, pode contribuir para a mobilização e o engajamento eleitoral.

Por outro lado, a exploração inadequada de dados pessoais pode resultar em invasão de privacidade, manipulação de opiniões e ameaças à integridade do processo democrático. O acesso indevido a informações sensíveis dos eleitores pode comprometer a confiança na lisura das eleições e minar a representatividade do voto popular.

A legislação eleitoral desempenha um papel fundamental na definição dos parâmetros para o uso de dados pessoais durante as campanhas. A Lei Geral de Proteção de Dados (LGPD) estabelece diretrizes claras para a coleta, o processamento e a utilização dessas informações, garantindo que os direitos individuais sejam respeitados e protegidos.

A transparência também se revela como um pilar crucial nesse contexto. Os eleitores têm o direito de saber como seus dados serão utilizados e quais informações serão compartilhadas com terceiros. A divulgação de políticas de privacidade detalhadas e compreensíveis é fundamental para construir a confiança dos cidadãos no processo eleitoral.

A supervisão efetiva por parte das autoridades regulatórias é um fator determinante na manutenção do equilíbrio entre o uso de dados e a proteção da privacidade. A fiscalização das práticas de coleta e processamento de informações garante que as regras sejam cumpridas e que os abusos sejam coibidos.

A educação dos eleitores também desempenha um papel relevante nesse contexto. O conhecimento sobre seus direitos relacionados à privacidade permite que os cidadãos exijam maior transparência das campanhas políticas e tomem decisões informadas sobre o compartilhamento de suas informações pessoais.

No entanto, é importante reconhecer que o equilíbrio entre o uso de dados e a proteção da privacidade é uma tarefa complexa e em constante evolução. A rápida evolução tecnológica traz consigo novos desafios e possibilidades, exigindo uma adaptação constante das regulamentações existentes.

A dimensão internacional também se torna relevante nesse contexto. Plataformas digitais e empresas que operam globalmente precisam considerar as diferenças nas regulamentações de privacidade em diferentes jurisdições. A colaboração entre países pode contribuir para a harmonização das regras e para um ambiente mais seguro para o compartilhamento de dados.

Além disso, a discussão sobre o equilíbrio entre o uso de dados e a proteção da privacidade deve ser pautada por um diálogo aberto e inclusivo. A participação de especialistas, acadêmicos, sociedade civil e autoridades eleitorais é essencial para encontrar soluções que respeitem os direitos individuais sem comprometer a eficácia das campanhas políticas.

Em resumo, o equilíbrio entre o uso de dados pessoais e a proteção da privacidade é um desafio complexo e multifacetado no âmbito do direito eleitoral brasileiro. A busca por um ambiente em que as campanhas políticas sejam eficazes e respeitem os direitos individuais é uma jornada contínua, que exige a colaboração de diversos atores e a adaptação constante às mudanças tecnológicas e sociais.

Nesse contexto, a ética desempenha um papel fundamental na determinação das práticas aceitáveis no uso de dados pessoais durante as campanhas eleitorais. Os candidatos e suas equipes precisam ponderar sobre os limites éticos da coleta e utilização de informações dos eleitores, garantindo que suas estratégias se pautem pelo respeito à privacidade e pela integridade do processo.

A transparência também é um elemento central na construção desse equilíbrio. Os eleitores devem ser informados de maneira clara e acessível sobre como seus dados serão utilizados e qual é o propósito por trás dessa coleta. A divulgação de informações detalhadas contribui para a construção de uma relação de confiança entre os candidatos e o eleitorado.

O princípio da proporcionalidade também merece destaque. Os candidatos devem garantir que a coleta e o uso de dados pessoais sejam proporcionais aos objetivos legítimos de suas campanhas. Evitar a coleta excessiva ou a utilização desproporcional de informações é essencial para respeitar a privacidade dos indivíduos.

A obtenção do consentimento informado dos eleitores é uma prática que fortalece o equilíbrio entre o uso de dados e a proteção da privacidade. Os candidatos devem assegurar que os eleitores estejam cientes de como suas informações serão usadas e que concordem explicitamente com esse uso, respeitando assim a autonomia dos indivíduos.

A análise de impacto à privacidade é outra ferramenta valiosa nesse contexto. Antes de implementar estratégias que envolvam a coleta e o processamento de dados pessoais, os candidatos devem avaliar os riscos e impactos que essas ações podem ter sobre a privacidade dos indivíduos envolvidos.

A importância da proteção de dados se estende também à segurança cibernética. Os candidatos têm a responsabilidade de garantir que as informações coletadas sejam armazenadas e processadas de maneira segura, minimizando os riscos de vazamentos, ataques cibernéticos e exposição de informações sensíveis.

A colaboração entre os atores envolvidos no processo eleitoral é crucial para alcançar o equilíbrio desejado. Candidatos, autoridades eleitorais, empresas de tecnologia e sociedade civil devem trabalhar juntos para desenvolver diretrizes e melhores práticas que respeitem tanto a eficácia das campanhas quanto os direitos individuais.

A utilização de algoritmos e inteligência artificial nas estratégias de campanha também demanda reflexão. Os candidatos devem entender como essas tecnologias podem afetar a privacidade dos eleitores e garantir que seus usos sejam transparentes, éticos e estejam em conformidade com a legislação vigente.

A educação digital se torna fundamental nesse cenário. Os eleitores precisam compreender como suas informações são usadas e quais medidas podem tomar para proteger sua privacidade durante o processo eleitoral. Promover a literacia digital é um passo importante para empoderar os cidadãos nesse contexto.

A mídia desempenha um papel relevante na conscientização sobre o equilíbrio entre dados pessoais e privacidade. Reportagens e análises que destacam as práticas de coleta de dados, os desafios e os avanços tecnológicos podem contribuir para uma discussão pública informada e engajada.

A responsabilidade dos candidatos na proteção dos dados pessoais vai além do período eleitoral. Mesmo após o encerramento das campanhas, é importante que as informações coletadas sejam tratadas com cuidado e responsabilidade, respeitando a privacidade dos indivíduos.

A criação de um ambiente regulatório sólido e adaptado à era digital é um passo fundamental para garantir o equilíbrio entre o uso de dados e a proteção da privacidade. As autoridades competentes têm a responsabilidade de estabelecer regras claras e atualizadas que orientem as práticas de coleta e processamento de informações durante o processo eleitoral.

A conscientização dos próprios candidatos sobre a importância da proteção de dados é um aspecto-chave desse equilíbrio. Ao entenderem os riscos e as implicações legais e éticas, os candidatos podem tomar decisões mais informadas e responsáveis em relação ao uso de dados pessoais.

A análise de precedentes e casos anteriores pode fornecer insights valiosos sobre como o equilíbrio entre dados e privacidade foi abordado em situações semelhantes. A jurisprudência pode orientar tanto candidatos quanto autoridades na busca por soluções equilibradas que respeitem os direitos fundamentais dos eleitores.

A imparcialidade das estratégias de coleta e uso de dados é uma preocupação constante. Os candidatos devem assegurar que as informações obtidas sejam tratadas de maneira imparcial, evitando discriminações ou direcionamentos que possam violar princípios democráticos.

A transparência no financiamento das campanhas também se relaciona ao equilíbrio entre dados e privacidade. Os eleitores têm o direito de saber quem está financiando os candidatos e como esses recursos são utilizados, garantindo assim a integridade do processo eleitoral.

A colaboração internacional no âmbito da proteção de dados é uma tendência crescente. Com a globalização das tecnologias e a interconexão das redes, é importante considerar as diretrizes internacionais de privacidade ao planejar estratégias de coleta e uso de dados.

A dinâmica entre liberdade de expressão e proteção de dados merece reflexão. Os candidatos devem encontrar um equilíbrio que permita a divulgação de informações políticas sem comprometer a privacidade dos indivíduos envolvidos.

A implementação de sistemas de governança de dados é uma medida que pode ajudar a garantir o equilíbrio desejado. Ao estabelecer políticas claras, responsabilidades e mecanismos de prestação de contas, os candidatos podem garantir o uso ético e seguro das informações coletadas.

A proteção de dados não se limita apenas aos eleitores, mas também aos próprios candidatos. As informações pessoais dos candidatos também devem ser tratadas com cuidado, evitando exposições desnecessárias ou vazamentos que possam comprometer sua segurança e integridade.

A definição de limites temporais para a coleta e o uso de dados é uma prática que pode ajudar a evitar a retenção excessiva de informações pessoais após o período eleitoral. Dessa forma, a privacidade dos eleitores é preservada, e os dados não são utilizados de maneira inapropriada.

A avaliação contínua das estratégias de coleta e uso de dados é necessária para ajustar eventuais desequilíbrios ao longo do processo eleitoral. Os candidatos devem estar abertos a reavaliar suas práticas à luz de novas informações e considerações.

A responsabilidade das empresas de tecnologia também é um aspecto relevante nesse contexto. As plataformas digitais utilizadas nas campanhas eleitorais têm a responsabilidade de proteger os dados dos usuários e garantir que as práticas estejam em conformidade com as regulamentações vigentes.

O monitoramento independente das práticas de coleta e uso de dados pode contribuir para assegurar que os candidatos estejam seguindo diretrizes éticas e legais. Auditorias externas podem fornecer uma avaliação imparcial das ações adotadas.

A criação de mecanismos de denúncia para possíveis abusos no uso de dados pode ser uma ferramenta útil para garantir o equilíbrio entre dados e privacidade. Os eleitores devem ter meios eficazes de reportar práticas questionáveis.

A educação dos eleitores sobre seus direitos em relação à proteção de dados é um passo importante para empoderá-los nesse cenário. Os candidatos podem desempenhar um papel na promoção da literacia digital, fornecendo informações claras sobre como seus dados serão utilizados.

A busca por alternativas que minimizem a coleta de dados sensíveis é uma abordagem que pode contribuir para o equilíbrio desejado. Os candidatos podem explorar estratégias que preservem a privacidade dos eleitores, ao mesmo tempo em que obtêm informações relevantes para suas campanhas.

A adoção de políticas de privacidade robustas é uma medida que os candidatos podem adotar para demonstrar seu compromisso com a proteção de dados. Disponibilizar informações claras sobre como os dados são tratados transmite confiança aos eleitores.

O diálogo aberto com especialistas em privacidade e proteção de dados pode ajudar os candidatos a compreenderem melhor as complexidades desse tema. A orientação de profissionais qualificados pode contribuir para decisões informadas e éticas.

Em conclusão, o equilíbrio entre o uso de dados pessoais e a proteção da privacidade é uma questão central no contexto do direito eleitoral brasileiro. A busca por estratégias compreensão de que os dados pessoais não são apenas informações, mas representam a expressão digital da individualidade de cada cidadão. O respeito por essa individualidade é a base para a construção de um processo eleitoral legítimo e representativo, no qual a voz de cada eleitor seja ouvida e respeitada.

Portanto, a discussão em torno do uso de dados pessoais no direito eleitoral brasileiro não é apenas sobre tecnologia e regulamentação, mas também sobre valores fundamentais da democracia. A proteção da privacidade não é um obstáculo, mas sim um pilar que sustenta a confiança dos cidadãos no sistema político e eleitoral.

Em última análise, o equilíbrio entre o uso de dados pessoais e a proteção da privacidade é um desafio complexo, porém essencial. À medida que avançamos para um futuro cada vez mais digital e interconectado, a responsabilidade de garantir esse equilíbrio recai sobre todos os que participam do processo eleitoral. Ao trabalharmos juntos para encontrar soluções que respeitem tanto as necessidades das campanhas quanto os direitos dos eleitores, estaremos construindo uma base sólida para a democracia digital do século XXI.

6.2. A Lei Geral de Proteção de Dados (LGPD) e seu Impacto nas Campanhas Eleitorais

No âmbito do direito eleitoral brasileiro, um tema de crescente relevância é a Lei Geral de Proteção de Dados (LGPD) e seu impacto nas campanhas eleitorais. A LGPD representa um marco significativo na legislação brasileira, estabelecendo diretrizes claras para a coleta, processamento e armazenamento de dados pessoais. No contexto das eleições, essa lei traz implicações profundas que afetam tanto os candidatos quanto os eleitores.

A Lei Geral de Proteção de Dados surge como resposta à necessidade de proteger a privacidade e os direitos dos cidadãos em um mundo cada vez mais digital e interconectado. No entanto, seu impacto nas campanhas eleitorais vai além da simples conformidade legal. Ela desencadeia uma reavaliação profunda das práticas de coleta e uso de dados nas estratégias de campanha.

Com a LGPD em vigor, os candidatos são desafiados a repensar a forma como interagem com os eleitores. A coleta de dados pessoais agora requer consentimento claro e informado, o que significa que as estratégias tradicionais de marketing político precisam ser ajustadas. A abordagem de "um tamanho serve para todos" deve ser substituída por uma abordagem mais personalizada e respeitosa em relação à privacidade dos eleitores.

A transparência se torna uma palavra de ordem no contexto das campanhas eleitorais sob a LGPD. Os candidatos devem ser francos sobre como pretendem usar os dados coletados e garantir que os eleitores tenham total compreensão das finalidades para as quais seus dados serão utilizados. Isso não apenas atende aos requisitos legais, mas também constrói confiança e legitimidade nas ações dos candidatos.

O uso de plataformas digitais também passa por uma transformação. As equipes de campanha precisam adotar tecnologias que garantam a conformidade com a legislação em vigor desde a coleta até o armazenamento seguro dos dados. Isso envolve a implementação de medidas de segurança cibernética robustas para proteger os dados contra acessos não autorizados e potenciais ameaças.

Um aspecto crucial da Lei Gral de Proteção de Dados é a responsabilidade das empresas de tecnologia que fornecem serviços às campanhas. Essas empresas agora têm a obrigação de garantir a conformidade com a lei e de proteger os dados dos eleitores. Os candidatos devem escolher parceiros tecnológicos que compartilhem esses valores e que estejam comprometidos em respeitar a privacidade dos eleitores.

A aplicação da Legislação no âmbito das campanhas eleitorais traz consigo a necessidade de um novo conjunto de habilidades. As equipes de campanha devem estar atualizadas com as melhores práticas de proteção de dados e privacidade, garantindo que todos os envolvidos compreendam suas responsabilidades e obrigações sob a lei.

A LGPD também influencia a comunicação política. Os candidatos devem repensar suas estratégias de engajamento, priorizando conteúdos relevantes e respeitosos em vez de abordagens invasivas. A personalização da mensagem é essencial para criar conexões significativas com os eleitores, sem infringir sua privacidade.

O direito de acesso dos eleitores aos seus próprios dados, conforme estabelecido pela Lei, traz uma dimensão adicional às campanhas eleitorais. Os candidatos devem estar preparados para responder a solicitações de informações pessoais por parte dos eleitores, demonstrando transparência e compromisso com a privacidade.

A LGPD também promove uma mudança cultural no cenário político. Os candidatos que abraçam a proteção de dados e a privacidade como valores centrais enviam uma mensagem clara aos eleitores: estão comprometidos em agir de forma ética e responsável, mesmo no ambiente digital.

Em um ambiente em que as notícias falsas e a desinformação podem se espalhar rapidamente, a Lei Geral de Proteção de Dados desempenha um papel fundamental na promoção da honestidade e da integridade nas campanhas eleitorais. Os candidatos são incentivados a verificar cuidadosamente as informações antes de compartilhá-las, evitando a disseminação de informações enganosas que possam afetar a opinião pública.

No entanto, ela também apresenta desafios. A necessidade de consentimento explícito para a coleta de dados pode dificultar a obtenção de informações necessárias para a elaboração de estratégias eleitorais eficazes. Além disso, a complexidade das regulamentações da LGPD pode exigir uma curva de aprendizado para as equipes de campanha, que precisam garantir o cumprimento integral da lei.

A mesma também levanta questões sobre a fiscalização e a aplicação das regulamentações. É importante que haja órgãos competentes para monitorar o uso de dados nas campanhas e para lidar com possíveis infrações à lei. A transparência nesse processo é fundamental para manter a confiança do público no sistema eleitoral.

A educação dos eleitores sobre seus direitos sob a Lei Geral de proteção de Dados é outro aspecto crucial. Os candidatos podem desempenhar um papel ativo na conscientização sobre a importância da proteção de dados e na orientação dos eleitores sobre como seus dados serão utilizados durante a campanha.

A LGPD também traz a necessidade de avaliar as estratégias de microdirecionamento eleitoral. Embora seja uma ferramenta poderosa para atingir públicos específicos, o uso excessivo desse método pode levantar preocupações sobre a segmentação excessiva e a possibilidade de manipulação.

A lei também influencia as práticas de pesquisa eleitoral. A coleta e o uso de dados de pesquisa devem estar em conformidade com a Legislação, o que pode afetar a forma como as pesquisas são conduzidas e os dados são utilizados na formulação de estratégias de campanha.

A LGPD pode trazer uma mudança positiva na cultura política, incentivando os candidatos a adotar uma abordagem mais ética e transparente em suas campanhas. A responsabilidade pela proteção dos dados dos eleitores deve ser uma prioridade central para os candidatos comprometidos com a integridade do processo eleitoral.

As punições previstas pela legislação para o não cumprimento das regulamentações também devem ser consideradas pelos candidatos. O impacto financeiro e reputacional de uma infração pode ser significativo, destacando a importância de investir na conformidade com a lei.

A LGPD não apenas impacta as campanhas eleitorais em si, mas também o cenário político como um todo. Os partidos políticos e as entidades relacionadas devem ajustar suas práticas de coleta e uso de dados para garantir o cumprimento da lei.

É essencial que a Lei Geral de Proteção de Dados seja abordada de forma proativa pelas equipes de campanha, em vez de ser encarada como uma mera formalidade legal. A adoção de práticas de proteção de dados desde o início pode evitar problemas futuros e garantir a confiança dos eleitores.

A LGPD também destaca a importância de uma abordagem ética nas campanhas eleitorais. Os candidatos devem buscar o equilíbrio entre suas necessidades de coleta de dados e o respeito à privacidade dos eleitores, evitando práticas invasivas ou manipulativas.

O acesso a dados pessoais sensíveis, como orientação política e preferências, exige um nível ainda maior de cuidado e responsabilidade. Os candidatos devem ter em mente o potencial impacto de suas ações na vida privada dos eleitores e agir com responsabilidade.

A Lei também incentiva a transparência em relação às fontes de financiamento das campanhas. Os eleitores têm o direito de saber quem está apoiando financeiramente um candidato e como isso pode influenciar suas posições e decisões.

A adaptação à Lei não é um desafio isolado. Ela se conecta ao contexto maior das transformações tecnológicas e sociais que moldam o cenário político. Os candidatos devem estar atentos às mudanças em curso e serem flexíveis em suas abordagens.

A Lei Geral de Proteção de Dados também destaca a importância de uma educação continuada sobre proteção de dados. Os candidatos devem estar atualizados com as evoluções da lei e as melhores práticas para garantir a privacidade dos eleitores.

A cooperação entre os candidatos, as autoridades regulatórias e as empresas de tecnologia é essencial para garantir o cumprimento da Lei. Uma abordagem colaborativa pode levar a soluções mais eficazes para os desafios trazidos pela lei.

A LGPD também incentiva a inovação em relação à coleta e uso de dados nas campanhas. Os candidatos devem explorar maneiras criativas de envolver os eleitores sem comprometer sua privacidade.

A conformidade com a Legislação não é apenas uma obrigação legal, mas também uma oportunidade para os candidatos demonstrarem seu compromisso com a ética, a transparência e a confiança. Aqueles que abraçam os princípios da LGPD podem construir uma reputação de responsabilidade e respeito pela privacidade dos eleitores.

No entanto, a implementação bem-sucedida da LGPD requer um compromisso contínuo e recursos adequados. Os candidatos devem investir na formação de suas equipes para garantir que todos compreendam os requisitos da lei e estejam aptos a cumpri-la.

A colaboração entre os candidatos, as equipes de campanha e os especialistas em privacidade de dados é fundamental. Especialistas jurídicos e de tecnologia podem fornecer orientação valiosa sobre as melhores práticas para a coleta, processamento e armazenamento de dados.

A Lei Geral de Proteção de Dados também pode incentivar uma mudança cultural no cenário político. Os eleitores podem se tornar mais conscientes de seus direitos e expectativas em relação à privacidade de seus dados, o que pode influenciar suas escolhas eleitorais.

Os eleitores também podem valorizar candidatos que demonstram compromisso genuíno com a proteção de seus dados pessoais. Ao destacar suas práticas de proteção de dados em suas plataformas de campanha, os candidatos podem atrair eleitores preocupados com a privacidade.

A aplicação eficaz da Lei requer uma abordagem proativa para identificar e mitigar riscos. Os candidatos devem conduzir avaliações de impacto à privacidade e implementar medidas de segurança adequadas para evitar violações.

A adaptação à Lei não é apenas uma questão de cumprir a lei, mas também de construir uma cultura de respeito pela privacidade dos eleitores. Os candidatos podem ser líderes na promoção de práticas responsáveis de coleta e uso de dados.

A LGPD também traz oportunidades para a inovação tecnológica nas campanhas eleitorais. Os candidatos podem explorar o uso de tecnologias avançadas, como anonimização de dados e criptografia, para proteger a privacidade dos eleitores.

A transparência nas práticas de coleta e uso de dados pode se tornar um diferencial competitivo para os candidatos. Aqueles que conseguem comunicar claramente suas políticas de privacidade podem ganhar a confiança dos eleitores em um ambiente digital cada vez mais complexo.

A LGPD também traz à tona a importância da educação cívica sobre privacidade e dados pessoais. Os candidatos podem desempenhar um papel educativo ao informar os eleitores sobre seus direitos e sobre como seus dados serão tratados durante a campanha.

A conformidade com a Lei não é uma tarefa única, mas sim um compromisso contínuo. Os candidatos devem estar preparados para revisar e ajustar suas práticas conforme as regulamentações evoluem e novos desafios surgem.

O diálogo aberto e transparente com os eleitores sobre a coleta e uso de dados pode ser uma estratégia eficaz. Os candidatos podem se comprometer a atualizar os eleitores regularmente sobre como seus dados estão sendo utilizados e garantir que eles possam exercer seus direitos sob a LGPD.

Esta lei também destaca a importância da ética na política. Os candidatos são incentivados a agir com responsabilidade e integridade em relação aos dados dos eleitores, evitando práticas que possam violar a confiança pública.

A fiscalização e a aplicação da LGPD são áreas a serem observadas. Os candidatos devem estar cientes das consequências legais e financeiras de violações da lei e buscar manter um histórico de conformidade.

A Lei Geral de Proteção de Dados também incentiva a cooperação internacional em relação à proteção de dados. A troca de melhores práticas e experiências com outros países pode enriquecer a abordagem brasileira às questões de privacidade.

A confiança do público no sistema político é fundamental para a saúde da democracia. A LGPD pode desempenhar um papel importante na restauração e fortalecimento dessa confiança, ao garantir que os dados dos eleitores sejam tratados com respeito e responsabilidade.

A adaptação à LGPD é um processo em constante evolução. Os candidatos devem estar preparados para aprender com os desafios e sucessos de suas próprias campanhas, bem como das experiências de outros colegas.

A LGPD também promove uma mudança cultural na maneira como as campanhas eleitorais são conduzidas. Os candidatos são chamados a serem agentes de mudança na proteção da privacidade dos eleitores, promovendo uma cultura de respeito pelos dados pessoais em todos os níveis da sociedade.

A implementação bem-sucedida da LGPD requer uma mentalidade proativa e uma abordagem centrada no cidadão. Os candidatos podem buscar feedback dos eleitores sobre suas políticas de privacidade e adaptá-las com base nessas contribuições, demonstrando sua disposição de ouvir e agir de acordo.

A Lei também destaca a necessidade de transparência na prestação de contas durante as campanhas eleitorais. Os candidatos devem ser transparentes sobre como financiam suas campanhas e como utilizam os recursos, evitando práticas obscuras que possam minar a confiança do público.

A adoção da LGPD como uma parte integral das campanhas eleitorais requer uma abordagem multidisciplinar. Os candidatos podem colaborar com especialistas em privacidade, tecnologia, direito e comunicação para garantir uma conformidade eficaz.

Os eleitores estão se tornando mais conscientes e exigentes em relação à privacidade de seus dados. Os candidatos que demonstram um compromisso genuíno com a proteção desses dados podem se destacar e conquistar o apoio daqueles que valorizam a privacidade.

A Lei Geral de Proteção também enfatiza a importância da responsabilidade individual na coleta e uso de dados. Os candidatos devem promover uma cultura de autodisciplina e ética entre suas equipes de campanha, assegurando que todos estejam cientes das implicações legais e éticas.

A legislação de proteção de dados não deve ser vista apenas como um obstáculo, mas como uma oportunidade para inovar e melhorar as práticas de campanha. Os candidatos podem encontrar maneiras criativas de se engajar com os eleitores enquanto respeitam sua privacidade.

A LGPD também incentiva uma mudança na mentalidade em relação à coleta de dados. Os candidatos devem adotar uma abordagem centrada no consentimento, buscando obter o consentimento informado e voluntário dos eleitores antes de coletar qualquer informação pessoal.

A educação dos eleitores sobre seus direitos sob a LGPD é fundamental. Os candidatos podem fornecer informações claras e acessíveis sobre como os eleitores podem exercer seus direitos de acesso, retificação e exclusão de dados.

A LGPD também destaca a importância do controle sobre os dados pessoais. Os candidatos devem assegurar que os eleitores tenham controle sobre quais dados estão sendo coletados e como serão utilizados, fortalecendo o princípio da autodeterminação informacional.

Os candidatos podem se beneficiar ao adotar uma abordagem de "privacidade por design". Isso significa considerar a proteção de dados desde o início do planejamento da campanha e incorporar medidas de segurança desde o início.

A LGPD também incentiva a avaliação contínua das práticas de coleta e uso de dados. Os candidatos podem realizar auditorias regulares para garantir que estejam em conformidade com a lei e para identificar áreas de melhoria.

A conformidade com a LGPD não é uma questão isolada, mas parte de um movimento global em direção à proteção de dados pessoais. Os candidatos podem se inspirar em experiências internacionais e melhores práticas para aprimorar suas próprias abordagens.

A implementação da LGPD pode ser vista como uma oportunidade para os candidatos demonstrarem liderança ética e responsável. Aqueles que se destacam nesse aspecto podem ganhar uma vantagem competitiva em termos de reputação e apoio público.

A aplicação da LGPD nas campanhas eleitorais também pode contribuir para um processo eleitoral mais transparente e confiável. Os candidatos podem construir uma imagem de integridade ao aderir aos princípios da proteção de dados e privacidade.

Em última análise, a LGPD e seu impacto nas campanhas eleitorais refletem uma sociedade em evolução, na qual a privacidade dos dados é cada vez mais valorizada e protegida. Os candidatos têm a oportunidade de serem pioneiros nesse movimento, colocando a ética e a responsabilidade no centro de suas estratégias de campanhas eleitorais. Essa abordagem não apenas atende às expectativas dos eleitores, mas também ajuda a construir uma base sólida para a confiança no sistema político.

A transição para um ambiente de campanha eleitoral alinhado com a LGPD pode não ser isenta de desafios. A mudança cultural requer tempo e esforço, e os candidatos podem encontrar resistência em adotar práticas diferentes das habituais. No entanto, é crucial lembrar que essa mudança é um passo em direção a um sistema mais ético e transparente.

Os candidatos também podem enfrentar desafios tecnológicos ao implementar as medidas de segurança necessárias para proteger os dados dos eleitores. A complexidade das tecnologias digitais exige uma compreensão profunda das vulnerabilidades e das melhores práticas de segurança cibernética.

A criação de conscientização sobre a LGPD entre os eleitores é uma parte essencial da equação. Os candidatos podem investir em campanhas educacionais para explicar como a proteção de dados se relaciona com a privacidade dos eleitores e por que é fundamental para uma democracia saudável.

A adaptação à LGPD também requer a colaboração de diferentes partes interessadas, incluindo partidos políticos, agências reguladoras e a sociedade civil. Os candidatos podem buscar parcerias para compartilhar conhecimentos e experiências sobre a implementação da lei.

A LGPD também traz à tona a necessidade de uma regulamentação clara e atualizada para garantir a eficácia da lei no contexto eleitoral. Os candidatos podem contribuir para o debate sobre políticas públicas que visem proteger a privacidade dos eleitores enquanto permitem a participação política.

O compromisso com a LGPD pode se tornar um elemento distintivo das campanhas eleitorais. Os candidatos podem construir uma imagem de responsabilidade e liderança ética, atraindo eleitores que valorizam a privacidade e a proteção de dados.

A aplicação da LGPD nas campanhas eleitorais também pode ter um impacto duradouro no cenário político. Os candidatos que lideram pelo exemplo podem inspirar uma mudança generalizada nas práticas de coleta e uso de dados em todas as esferas da sociedade.

O contexto eleitoral é dinâmico e está sempre em evolução. Os candidatos devem estar preparados para se adaptar às mudanças nas regulamentações e nas expectativas dos eleitores, mantendo-se flexíveis e proativos.

Ao priorizar a proteção de dados e a privacidade, os candidatos também estão contribuindo para uma discussão mais ampla sobre ética e responsabilidade nas práticas políticas. Eles estão se alinhando com os valores democráticos de integridade e transparência.

Em um mundo digital onde os dados têm um papel fundamental, a LGPD se torna um marco essencial para orientar as campanhas eleitorais. Os candidatos têm a oportunidade de serem líderes nesse movimento em direção a uma política mais ética, transparente e responsável.

Portanto, a adaptação à LGPD não é apenas uma obrigação legal, mas uma oportunidade para construir uma cultura de respeito pelos dados pessoais dos eleitores. Os candidatos podem moldar uma nova narrativa eleitoral, onde a proteção de dados se torna um valor fundamental, garantindo assim a legitimidade e a confiança no processo democrático.

Capítulo 07

7.1. O Futuro das Provas Digitais no Direito Eleitoral

No cenário em constante transformação das eleições e da tecnologia, o futuro das provas digitais no direito eleitoral brasileiro emerge como uma paisagem fascinante e desafiadora. A interseção entre a esfera digital e os processos democráticos está fadada a se aprofundar, trazendo consigo um conjunto de questões que precisam ser abordadas com sabedoria e previsão.

À medida que as inovações tecnológicas continuam a moldar a sociedade, os tribunais eleitorais enfrentam o desafio de acompanhar a evolução das provas digitais. A rapidez com que as informações circulam online exige uma resposta ágil por parte das autoridades jurídicas, para garantir que os casos eleitorais sejam tratados com eficácia e justiça.

A confiabilidade das provas digitais é uma preocupação crescente. No futuro, a garantia da autenticidade e integridade das evidências digitais será uma prioridade fundamental para evitar a manipulação de informações que podem distorcer o processo eleitoral. Mecanismos de verificação robustos serão necessários para validar a procedência das provas e estabelecer a sua admissibilidade.

A colaboração entre especialistas em tecnologia e juristas será crucial para lidar com as complexidades das provas digitais. O entendimento dos fundamentos tecnológicos e das nuances legais permitirá a construção de casos sólidos, enquanto a análise crítica das evidências digitais garantirá a busca da verdade em meio a um mar de informações.

A chegada da inteligência artificial ao campo das provas digitais no direito eleitoral traz consigo potenciais promissores e desafios éticos. A capacidade de analisar grandes volumes de dados pode agilizar os processos, mas a interpretação de algoritmos também exige cuidados para evitar viés e distorção.

As redes sociais continuarão a desempenhar um papel significativo no cenário eleitoral futuro, tornando-se fontes ricas de provas digitais. A identificação e autenticação de informações compartilhadas online serão cruciais para distinguir entre informações legítimas e desinformação, garantindo a integridade do processo democrático.

A proteção da privacidade dos eleitores em um mundo cada vez mais digitalizado será um desafio central. O futuro exigirá regulamentações mais rigorosas para assegurar que a coleta e o uso de dados ocorram dentro de limites éticos, evitando abusos e violações de privacidade.

O papel dos tribunais eleitorais será redefinido à medida que as provas digitais se tornarem uma parte intrínseca dos processos judiciais. A compreensão das nuances das tecnologias e a adaptação das práticas judiciais permitirão uma análise mais precisa das provas digitais e uma tomada de decisão mais informada.

A transparência se tornará um princípio ainda mais crucial no futuro das provas digitais no direito eleitoral. Os eleitores exigirão a divulgação clara e honesta das informações que influenciam o processo eleitoral, e as provas digitais desempenharão um papel fundamental na construção dessa confiança.

Os desafios de segurança cibernética serão ampliados no futuro, à medida que as ameaças digitais se tornarem mais sofisticadas. Os tribunais eleitorais precisarão adotar medidas proativas para proteger as provas digitais de ataques cibernéticos e garantir a sua integridade.

A educação jurídica sobre as provas digitais será essencial para o futuro do direito eleitoral. Os profissionais do direito precisarão estar atualizados sobre as tendências tecnológicas e as implicações legais das provas digitais, a fim de representar adequadamente os interesses de seus clientes.

O acesso à justiça no âmbito das provas digitais será uma preocupação importante. No futuro, medidas serão necessárias para garantir que todas as partes envolvidas tenham recursos e conhecimentos para apresentar e analisar provas digitais de maneira eficaz.

A colaboração internacional também desempenhará um papel vital no futuro das provas digitais no direito eleitoral. Com o aumento da interconexão global, a troca de informações e melhores práticas entre países será fundamental para lidar com desafios transnacionais.

O futuro também verá o surgimento de novos métodos de coleta e análise de provas digitais. A inteligência artificial e a análise de big data podem revelar insights valiosos sobre os padrões de comportamento eleitoral e as tendências políticas tendências políticas, auxiliando na compreensão dos eleitores e na formulação de estratégias mais eficazes para os candidatos.

Em última análise, o futuro das provas digitais no direito eleitoral brasileiro será moldado por uma combinação de inovações tecnológicas, mudanças regulatórias e adaptações das práticas judiciais. A busca por um equilíbrio entre a utilização de dados pessoais e a proteção da privacidade será um fator crucial para garantir a confiança nas eleições e na integridade do processo democrático. Os desafios e oportunidades apresentados pelas provas digitais continuarão a evoluir à medida que a tecnologia avança, exigindo uma abordagem contínua e flexível por parte dos especialistas em direito eleitoral.

No cerne desse futuro, encontra-se a necessidade de um diálogo constante entre especialistas em direito, tecnologia e sociedade. A colaboração multidisciplinar permitirá a formulação de soluções criativas para os desafios emergentes, garantindo que o direito eleitoral brasileiro permaneça adaptado às complexidades da era digital.

À medida que nos aproximamos desse futuro, é imperativo que os estudiosos, profissionais do direito e todos os envolvidos no cenário eleitoral estejam preparados para abraçar a evolução das provas digitais. Somente através do entendimento profundo e da adaptação ágil será possível assegurar a integridade, transparência e legitimidade das eleições em um mundo cada vez mais digitalizado.

O futuro promissor das provas digitais no direito eleitoral brasileiro aguarda aqueles que estão dispostos a explorar e moldar essa nova fronteira de conhecimento e prática jurídica.

7.2. Tendências Emergentes na Interseção entre Tecnologia, Provas Digitais e Eleições

Na interseção dinâmica entre a tecnologia, as provas digitais e as eleições, emergem tendências que moldam o panorama do direito eleitoral brasileiro. À medida que a sociedade se torna cada vez mais digital, as implicações desse cenário para o processo eleitoral são profundas e multifacetadas.

Uma tendência notável é a crescente influência das redes sociais como plataforma para engajamento político e divulgação de informações. Isso coloca em destaque a importância das provas digitais na verificação da autenticidade e legitimidade de conteúdo veiculado online. A disseminação rápida de notícias falsas e desinformação exige uma abordagem inovadora para a validação das provas digitais, garantindo a confiabilidade das informações que circulam durante as campanhas eleitorais.

O uso de tecnologias como inteligência artificial e análise de dados também está se consolidando como uma tendência relevante. Essas ferramentas podem auxiliar na identificação de padrões e tendências nas provas digitais, fornecendo insights valiosos para a compreensão das estratégias políticas e da opinião pública. No entanto, isso levanta questões sobre privacidade e transparência na coleta e uso de dados pessoais para fins eleitorais.

A busca por sistemas de votação mais seguros e confiáveis também está entre as tendências emergentes. A discussão sobre a viabilidade do voto eletrônico, a implementação de tecnologias de blockchain e a proteção contra ameaças cibernéticas são aspectos cruciais para garantir a integridade dos resultados eleitorais. A convergência entre a tecnologia e as provas digitais é essencial para construir um sistema eleitoral resiliente e resistente a fraudes.

No contexto das campanhas eleitorais, a transparência e a accountability ganham destaque como tendências essenciais. A utilização de provas digitais para documentar as ações dos candidatos, a arrecadação de fundos e a divulgação de propostas políticas pode aumentar a confiança dos eleitores no processo. No entanto, é vital encontrar um equilíbrio entre a exposição necessária e a proteção da privacidade dos envolvidos.

A colaboração entre especialistas em direito eleitoral e tecnologia é uma tendência que continuará a se intensificar. O diálogo entre essas disciplinas permite a compreensão abrangente das implicações legais e éticas das provas digitais nas eleições. A troca de conhecimento e experiência é fundamental para desenvolver estratégias jurídicas eficazes diante dos desafios tecnológicos em constante evolução.

Além disso, a conscientização pública sobre as provas digitais e seu impacto no processo eleitoral está em ascensão. Os eleitores estão mais atentos às questões de segurança cibernética, fake news e uso indevido de dados pessoais. Isso exige uma resposta do sistema jurídico para garantir a proteção dos direitos dos eleitores e a integridade das eleições.

Outra tendência que merece destaque é a crescente demanda por regulamentações mais rigorosas no uso de provas digitais. À medida que os casos de manipulação e desinformação se tornam mais evidentes, a necessidade de regras claras e aplicáveis para a coleta, análise e apresentação de provas digitais se torna premente. Isso proporciona uma base sólida para a tomada de decisões judiciais e a garantia da imparcialidade nas disputas eleitorais.

A internacionalização das práticas e regulamentações relacionadas às provas digitais também é uma tendência em ascensão. O compartilhamento de experiências entre diferentes países pode resultar em abordagens mais eficazes para lidar com desafios globais, como a disseminação de notícias falsas e ataques cibernéticos. A cooperação internacional fortalece o conjunto de ferramentas disponíveis para os especialistas em direito eleitoral enfrentarem as complexidades do mundo digital.

A acessibilidade às provas digitais e a capacitação dos atores envolvidos nas eleições são tendências que não podem ser negligenciadas. Garantir que todos os envolvidos tenham o conhecimento necessário para compreender e utilizar adequadamente as provas digitais é fundamental para manter a integridade e a justiça do processo eleitoral.

Por fim, a adaptação contínua das estratégias de campanha às mudanças tecnológicas é uma tendência que se fortalece. Candidatos e partidos políticos estão cada vez mais incorporando as estratégias digitais em suas abordagens, explorando plataformas online, redes sociais e outras formas de interação digital com os eleitores. Isso exige uma compreensão sólida das implicações legais das provas digitais, bem como a habilidade de se adaptar rapidamente às mudanças no cenário tecnológico.

No cerne de todas essas tendências está o desafio de encontrar um equilíbrio entre o uso de dados pessoais e a proteção da privacidade dos indivíduos. À medida que as provas digitais se tornam uma parte intrínseca do processo eleitoral, é essencial garantir que a coleta e o uso desses dados sejam feitos de maneira ética, transparente e de acordo com as regulamentações vigentes.

A busca por soluções que respeitem os direitos dos cidadãos, ao mesmo tempo em que permitem o uso eficaz das provas digitais para garantir a integridade das eleições, é um desafio complexo que continuará a evoluir. Os especialistas em direito eleitoral desempenham um papel crucial na definição dessas soluções, analisando as implicações legais e éticas de cada passo no uso das provas digitais.

O futuro das provas digitais no direito eleitoral brasileiro será moldado pela capacidade de adaptação do sistema jurídico às inovações tecnológicas em constante evolução. A colaboração entre os setores jurídico, tecnológico e político será fundamental para garantir que as leis e regulamentações estejam alinhadas com a realidade digital do século XXI.

Em meio a essas mudanças, o princípio democrático central do processo eleitoral deve ser preservado: a vontade do eleitor. As provas digitais têm o potencial de fortalecer essa vontade, fornecendo evidências confiáveis e transparentes que respaldam os resultados das eleições. No entanto, isso só pode ser alcançado se houver um compromisso firme com a integridade e a justiça em todas as etapas do processo.

À medida que as eleições continuam a evoluir em direção a um cenário cada vez mais digital, os especialistas em direito eleitoral têm a responsabilidade de liderar o caminho na compreensão e regulamentação das provas digitais. Somente por meio de uma abordagem colaborativa e multidisciplinar podemos garantir que as eleições brasileiras permaneçam confiáveis, transparentes e verdadeiramente representativas da vontade do povo.

7.3. O Potencial das Blockchain, Inteligência Artificial e Outras Tecnologias

No contexto em constante transformação do direito eleitoral brasileiro, o potencial inovador das tecnologias emergentes, como blockchain e inteligência artificial, está destinado a desempenhar um papel significativo na moldagem do futuro das eleições. Essas tecnologias oferecem oportunidades únicas para aprimorar a transparência, segurança e eficiência do processo eleitoral, ao mesmo tempo em que trazem desafios intrincados que requerem análises jurídicas profundas e inovadoras.

A tecnologia blockchain, conhecida por sua natureza descentralizada e imutável, pode revolucionar a maneira como armazenamos e validamos provas digitais em eleições. Por meio da criação de registros públicos e incorruptíveis, a blockchain tem o potencial de aumentar a confiança nas evidências digitais e garantir a integridade dos resultados eleitorais.

A inteligência artificial, por sua vez, pode ser utilizada para analisar grandes volumes de dados relacionados às campanhas eleitorais, identificando tendências e padrões que poderiam passar despercebidos aos olhos humanos. Essa análise profunda poderia auxiliar na detecção de possíveis irregularidades ou práticas antiéticas, contribuindo para a lisura do processo eleitoral.

Além disso, as tecnologias biométricas podem ser empregadas para fortalecer a segurança durante o processo de votação, assegurando a identidade do eleitor por meio de características físicas únicas. Isso não apenas reduziria a possibilidade de fraudes, mas também tornaria o processo mais acessível e inclusivo.

A automação de tarefas administrativas, por meio de tecnologias como *chatbots*, pode agilizar a comunicação entre eleitores e autoridades eleitorais, proporcionando respostas rápidas e precisas a dúvidas frequentes. Isso poderia contribuir para um processo mais transparente e menos suscetível a erros humanos.

No entanto, a implementação dessas tecnologias não está isenta de desafios legais e éticos. Questões sobre a proteção de dados pessoais, a privacidade dos eleitores e a possibilidade de manipulação das tecnologias devem ser abordadas de forma cuidadosa e detalhada.

Os especialistas em direito eleitoral têm a tarefa de explorar como essas tecnologias podem ser harmonizadas com a legislação existente, garantindo que os princípios democráticos fundamentais sejam preservados. Além disso, eles devem considerar como essas inovações afetarão a igualdade de oportunidades entre os candidatos e a confiança do público no sistema eleitoral.

O potencial das tecnologias emergentes não se limita apenas às eleições em si, mas também se estende à forma como as campanhas políticas são conduzidas. O uso de algoritmos para direcionar mensagens eleitorais aos eleitores certos pode aumentar a eficácia das campanhas, mas também levanta preocupações sobre a influência indevida e a manipulação das opiniões públicas.

À medida que a interseção entre tecnologia e direito eleitoral se aprofunda, os profissionais jurídicos devem estar preparados para enfrentar novos paradigmas e abordagens. A criação de regulamentações adequadas para o uso dessas tecnologias é essencial para garantir que elas sejam usadas para fortalecer o processo democrático, em vez de prejudicá-lo.

Nesse sentido, a colaboração entre especialistas em direito, tecnologia e políticas públicas é crucial. A troca de conhecimento e perspectivas entre esses diferentes campos pode resultar em abordagens mais holísticas e equilibradas para lidar com as complexidades que surgem da interação entre tecnologia e direito eleitoral.

Em conclusão, o potencial das tecnologias emergentes, como blockchain, inteligência artificial e outras, no âmbito do direito eleitoral brasileiro é inegável. No entanto, para que esse potencial seja plenamente realizado, é imperativo que os especialistas em direito eleitoral se engajem de maneira proativa na compreensão e regulamentação dessas tecnologias, garantindo que elas se alinhem aos valores democráticos e à integridade do processo eleitoral.

Em última análise, a busca por equilíbrio entre o uso de dados pessoais e a proteção da privacidade no âmbito do direito eleitoral brasileiro deve ser guiada por um compromisso fundamental: preservar a integridade do processo democrático enquanto se adapta às rápidas mudanças tecnológicas. A interseção entre a tecnologia, as provas digitais e as eleições representam um terreno fértil para debates construtivos e abordagens inovadoras.

Ao olharmos para o futuro, fica claro que a jornada rumo a um ambiente eleitoral mais tecnológico e seguro é complexa e desafiadora. No entanto, o caminho a seguir não é incerto. Com a colaboração ativa de especialistas em direito, tecnologia, ciência política e outros campos relevantes, podemos moldar um cenário onde a confiança dos eleitores, a privacidade dos dados e a legitimidade das eleições sejam mantidas em harmonia.

À medida que nos deparamos com um cenário eleitoral em constante evolução, é essencial que o debate em torno do uso de tecnologias e provas digitais permaneça aberto e contínuo. As leis e regulamentos devem ser revisados e adaptados conforme novos desafios surgem, garantindo que o direito eleitoral seja capaz de lidar eficazmente com as demandas de uma sociedade cada vez mais digitalizada.

O Brasil tem uma oportunidade única de se tornar um líder na convergência entre tecnologia e direito eleitoral. A busca por soluções inovadoras, a promoção do debate público e a colaboração entre diferentes atores são cruciais para a construção de um ambiente eleitoral mais resiliente e transparente.

Nesse contexto, os estudiosos de direito eleitoral desempenham um papel vital. Sua expertise em interpretar e aplicar a legislação em um cenário em rápida transformação é indispensável para garantir que os princípios democráticos sejam mantidos intactos. Ao continuarem a explorar novas abordagens, propor soluções e influenciar políticas, esses especialistas estão moldando o futuro do direito eleitoral no Brasil.

Em última análise, o equilíbrio entre o uso de dados pessoais e a proteção da privacidade no direito eleitoral brasileiro é uma jornada dinâmica e contínua. À medida que avançamos para uma era digitalizada e tecnologicamente avançada, o desafio será encontrar maneiras de incorporar as inovações de maneira responsável e eficaz, mantendo a confiança do público e a integridade do processo democrático. Com a colaboração de todos os envolvidos e um compromisso firme com os valores democráticos, podemos enfrentar esses desafios de frente e construir um futuro eleitoral mais resiliente e inclusivo.

Conclusão

Caro leitor,

Como um estudioso em direito eleitoral brasileiro, a jornada de explorar o amplo e complexo tema das provas digitais se revelou profundamente enriquecedora. Ao longo das páginas deste livro, mergulhamos nas intrincadas interseções entre tecnologia e direito que moldam o processo eleitoral na era digital.

Ficou evidente que o entendimento aprofundado das provas digitais é um elemento central para a integridade e transparência das eleições no Brasil. Em um cenário onde as campanhas, a comunicação política e a própria votação migram cada vez mais para o ambiente online, as provas digitais emergem como peças-chave na verificação das alegações, no combate à desinformação e na garantia da legitimidade dos resultados.

No entanto, a tecnologia por si só não é suficiente. Para que as provas digitais cumpram seu papel no fortalecimento da democracia, precisamos de uma compreensão holística que abranja não apenas os aspectos técnicos, mas também as complexidades legais, éticas e humanas envolvidas.

Ao longo do livro, exploramos os diversos tipos de provas digitais, desde mensagens eletrônicas e postagens em redes sociais até registros de acesso e metadados. Analisamos os desafios relativos à sua admissibilidade, integridade e conformidade com leis como a LGPD. E vislumbramos as tendências e tecnologias que podem moldar o futuro das provas digitais no processo eleitoral brasileiro.

No entanto, ainda há um longo caminho a ser trilhado. À medida que novas tecnologias surgem e as estratégias digitais se sofisticam, novos obstáculos e oportunidades se apresentarão. Será necessário adaptar constantemente as leis, aprimorar as medidas de segurança cibernética e investir na capacitação técnica e ética dos profissionais envolvidos.

Acima de tudo, precisamos cultivar um ambiente de colaboração e diálogo aberto entre juristas, cientistas políticos, especialistas em tecnologia e a sociedade civil. Somente com uma multiplicidade de visões poderemos criar um sistema eleitoral verdadeiramente robusto, inclusivo e alinhado com os valores democráticos que definem a identidade brasileira.

O futuro nos reserva eleições cada vez mais permeadas por tecnologias digitais. Como especialista, tenho esperança de que o conhecimento construído coletivamente sobre as provas digitais possa guiar esse futuro para o fortalecimento da participação consciente, do debate plural e do exercício livre do voto.

Que este seja apenas o começo de uma jornada contínua de amadurecimento das relações entre tecnologia e processo eleitoral. E que, ao explorarmos essas relações, tenhamos como bússola os princípios fundamentais da ética, da justiça e da soberania popular. Pois essas são as bases sobre as quais se ergue e se fortalece a democracia brasileira.

Ao longo das páginas deste livro, buscamos explorar as principais interseções entre as provas digitais e o direito eleitoral brasileiro. Trata-se de uma temática extremamente rica e multifacetada, que está em constante evolução à medida que a tecnologia avança e transforma as dinâmicas eleitorais.

No entanto, é importante ressaltar que este livro não teve a intenção de esgotar o assunto ou aprofundar exaustivamente cada um dos tópicos abordados. Dada a amplitude e complexidade do tema, isso seria uma tarefa monumental que exigiria muitos volumes.

O objetivo central deste livro foi, antes de tudo, despertar o interesse e trazer reflexões iniciais sobre um campo de estudo que consideramos de grande relevância para o presente e futuro da democracia brasileira. Ao levantar questões, apontar tendências e analisar desafios, esperamos estimular novos pesquisadores e entusiastas a explorarem ainda mais profundamente esta temática.

Temos a convicção de que este é um diálogo que ainda está em seu estágio inicial, e que pode se desenvolver de forma significativa à medida que mais vozes se unam à discussão.

Portanto, considere este livro como um convite para essa exploração contínua. Que as reflexões e informações aqui apresentadas possam servir como um pontapé inicial ou referência para novos estudos, críticas construtivas e projetos mais aprofundados. A busca pelo aprimoramento da democracia por meio do conhecimento é uma jornada que nunca se esgota.

Sigamos juntos nessa trilha de aprendizado constante!

REFERÊNCIAS BIBLIOGRAFICAS

BARROSO, Luís Roberto. **Curso de Direito Constitucional Contemporâneo:** Os Conceitos Fundamentais e a Construção do Novo Modelo. 2ª Edição, Editora Saraiva, 2010.

BLUM, Renato Opice; VAINZOF, Rony. Proteção de Dados Pessoais: A Lei Geral de Proteção de Dados (LGPD) e seus Impactos. Editora: Migalhas 2021.

BRASIL. Lei 4.737 de 15 de julho de 1965 Código Eleitoral Brasileiro. Brasília, DF 15 de julho de 1965. Disponível em: https://www.planalto.gov.br/ccivil_03/leis/l4737compilado.htm. Acesso em: 23 ago. 2023.

BRASIL. Constituição. Constituição da República Federativa do Brasil. Brasília: *Senado Federal: Centro Gráfico, 1988.*

BRASIL. Lei 10.406 de 10 de janeiro de 2002(Código Civil Brasileiro) (C.C) Brasília, DF,10 de janeiro de 2002. Disponível em: https://www.planalto.gov.br/ccivil_03/leis/2002/l10406compilada.htm. Acesso em: 23 ago. 2023.

BRASIL. Lei nº 12.527 de 18 de novembro de 2011 (Lei de Acesso às Informações públicas).2011. in <http://www.planalto.gov.br/ccivil_03/_ato2011-2014/2011/lei/l12527.htm> Acesso 23 ago. 2023.

BRASIL. Lei 12.965 de 23 de abril de 2014. (Marco civil da internet). 2014. In <http://www.planalto.gov.br/ccivil_03/_ato2011- 2014/2014/lei/l12965.htm> Acesso em: 23 ago.2023.

BRASIL. Lei 13. 709 de 14 de agosto de 2018. (Lei Geral de Proteção de Dados Pessoais) (LGPD). Brasília, DF, 15 de agosto de 2018 e modificações 2019. Disponível em: http://www.planalto.gov.br/ccivil_03/_ato2015-2018/2018/lei/L13709.htm. Acesso em: 23 ago. 2023.

SOBRE O AUTOR

Paulo Ricardo Ludgero, especialista em Direito Informático e renomado profissional da área jurídica, possui vasta experiência no campo da proteção de dados e segurança da informação. Com formação em Ciências Jurídicas e inscrito na OAB /PR sob o número 70965, Paulo sempre demonstrou paixão pelo universo do Direito e sua aplicação no contexto digital.

Durante sua trajetória acadêmica, produziu diversos textos para blogs e revistas jurídicas, buscando sempre compartilhar seu conhecimento e insights sobre temas relevantes da área. Seu comprometimento com o aprendizado e a inovação o levou a cursar pós-graduação em Direito Processual Civil na renomada Universidade Cândido Mendes, na cidade do Rio de Janeiro.

Especialista em Assessoria Jurídica relacionada ao Terceiro Setor, Paulo Ludgero tem um destaque especial em lidar com demandas de ONGs, Igrejas e Associações, garantindo que essas instituições estejam em conformidade com as leis vigentes e protejam os dados de seus membros e fiéis.

Com uma sólida formação e experiência, ele também se especializou em Direito Criminal pela PUC-SP e Direito Empresarial com ênfase no Terceiro Setor pela FGV em 2019. Além disso, concluiu pós-graduação em Direito Criminal com especialidade em Compliance empresarial pela FGV em 2020.

Seu contínuo interesse pelo desenvolvimento pessoal e profissional o levou a prosseguir seus estudos, e atualmente, Paulo Ricardo Ludgero é doutorando em Direito Constitucional na renomada Universidade de Buenos Aires.

Autor dos livros: **"PROVAS DIGITAIS: UMA ABORDAGEM COMPLETA NA ERA DIGITAL",** e também *"Iº MANUAL DE CELEBRAÇÕES PARA IGREJAS INCLUSIVAS PLURALISTAS E LEGISLAÇÃO APLICADA"* já publicados e amplamente reconhecido no campo do Direito Informático, Paulo tem como missão compartilhar seu conhecimento e expertise com a série de livros **"PROTEÇÃO 360: "NAVEGANDO NA ERA DA LGPD"** com o 1º e 2º livros da série já publicado *"A LGPD E A SUA JORNADA NAS IGREJAS ; "LGPD PARA STARTUPS: GUIANDO O CAMINHO PARA E A INOVAÇÃO RESPONSÁVEL"* , proporcionando aos leitores orientações práticas e fundamentadas para uma abordagem ética e segura da Lei Geral de Proteção de Dados.

Com uma carreira sólida e comprometida com o avanço do Direito na era digital, Paulo Ricardo Ludgero se destaca como um autor respeitado e comprometido em auxiliar instituições e profissionais a navegarem de forma segura e confiante na aplicação da LGPD.